易经解析与致用

最新修订版

王以雍 著

九州出版社
JIUZHOUPRESS
全国百佳图书出版单位

图书在版编目（CIP）数据

易经解析与致用 / 王以雍著. -- 北京 : 九州出版社, 2015.5（2018.10重印）
ISBN 978-7-5108-3730-2

Ⅰ. ①易… Ⅱ. ①王… Ⅲ. ①《周易》—研究 Ⅳ. ①B221.5

中国版本图书馆CIP数据核字(2015)第114848号

易经解析与致用

作　　者	王以雍 著
出版发行	九州出版社
地　　址	北京市西城区阜外大街甲 35 号 (100037)
发行电话	(010)68992190/3/5/6
网　　址	www.jiuzhoupress.com
电子信箱	jiuzhou@jiuzhoupress.com
印　　刷	三河市九洲财鑫印刷有限公司
开　　本	787 毫米 ×1092 毫米　16 开
印　　张	16.25
字　　数	215 千字
版　　次	2015 年 8 月第 1 版
印　　次	2018 年 10 月第 3 次印刷
书　　号	ISBN 978-7-5108-3730-2
定　　价	38.00 元

出版说明

《易经解析与致用》一书，以科学的视野，发挥义理，阐明易道，和合阴阳，深为识者所重。本书自1999年首版以来，海内外易学界均予以极高的评价。至今，此书已经数次印刷，均告售罄。许多读者来函或来电，希望此书再版。此次再版，在2007年版的基础上作了一些修订，更正了旧版的一些错误，使本书更臻完善。

本书共分四章。第一章，用浅显易懂的数理语言，把《周易》的精髓从纷繁复杂的表象之下提炼出来，将"百姓日用而不知"的易道妙理呈现在大家面前。第二章，将义理应用于中医、养生、思维、佛学、儒学、美学诸方面，并一一作了解说。第三章，重点阐释了象数的本质和易道的理论，逐步揭开易学的神秘面纱，使其更易为初学者掌握。作者将其多年来独到的心得和体悟倾囊相授，尽写在此章中。第四章，运用数理的方法，对《河图》、《洛书》进行解说，阐明其中的奥妙。

在本书正文之后，附有《周易》经传全文及简易的易学知识系统，方便读者进行查阅。

九州出版社

目　录

序

《易经》在中国文化史上评价最高，位列群经之首，文化之根。

群经者，《易》《诗》《书》《礼》《乐》《春秋》。

根者，道也。宇宙万有不出阴阳，一阴一阳之谓道，道弥纶天地。

道者，深奥。形而下者谓之器，形而上者谓之道。器，感官可及；道，感官不能及，须依心灵悟察。

易者，变化；经者，永恒。世间一切，变化是永恒的。国外把《易经》称为“易学”，认为是一门研究变化的学问。以人为例，生命是变化的，可以分成五个阶段：生，长，壮，老，死。这个规律可以延伸至一切。

《易经》从两个方面来研究变化，一是从道理、法则上来研究，简称“易(义)理”，思维的着眼点在于抽象、理性、分析；二是从形象、性质上来研究，着眼点在于形象、感觉、直觉。结合历史发展的实际来看，世间的学问自然而然形成了两大门类，一类是科学，主用理性思维；另一类是艺术，主用觉性思维。无论是理性思维，还是觉性思维，《易经》都用阴和阳两个概念来进行研究，几千年的实践证明了它的正确性。

我与《易经》结缘，是在60年代末期，由于患病、治疗，接触了医道，有西医，也有中医，亦因此阅读了不少的医书，以致对医学也有一定的了解。同样一个症状，西药难以消除，而中药反而奏效。我亲身感受，二者理法不同，中医理论，阴阳，虚实，表里，寒热……偏重功能；西医理论，生理，解剖，病理，理化……偏重结构。阴阳协调，自感舒适；阴虚阳盛，焦躁不安；一阴一阳之谓道，深有体验，阴阳立法，极有见地。

由"医(中医)易同源"而涉猎《易经》，由《易》又进入佛、道、儒，病休之际，悉心研读。对于三家的许多内奥，常能净心领会，例如，儒家言"无思无为，寂然不动，感而遂通"；佛家言"般若无知，而无不知"；道家言"无为而无不为"。人有灵识，是自然现象，古人从体验得出，知其然，但所以然，则未有下文。

偶然的机会，读到蔡元培先生关于学术研究的一段话，"研究也者，非徒输入欧化，而必于欧化之中，为更进之发明；非徒保存国粹，而必以科学方法，揭国粹之真相"。

我的工作是从事科学研究，习于理性分析，亦欲以科学研究常用的定性定量的方法，解析《易经》和传统文化中的一些问题，以解其密。书中用了数理分析，以求表达事物变化的全貌，再将结果与实际相核，甚是吻合。比如儒家16字心经"人心惟危，道心惟微，惟精惟一，允执厥中"，以其核心内容而言，在人的生命变化过程中，有两个关键：一与中。"一"，相当于佛家的定能生慧，灵觉弥漫，人为万物之灵，在此可以体现；"中"，则是中庸之道，可简为中道，是万事万物变化过程中阴阳平衡的状态，是最佳态。解析结果提示人们，凡事欲求其善，应力求中道，这一点恰恰是《易经》的核心。

中国传统文化可谓来自儒释道三家，三家的源头皆是智慧，而走向不同，儒家以智慧入世，佛家以智慧出世，至大乘阶段发生变化，既出世又入世，道家则二者相兼。

从学术角度看，出世涉无为法，其极致是无分别智，天人合一，心物一体；人世涉有为法，行于阴阳之域，其佳境是阴阳和谐，生生不息。反之，阴阳离决，则忧患不已。

本书所写的内容，纯是兴趣所牵，没有外力制约，点点滴滴积累约 30 年余，大部分已经发表，也在多次学术会议和讲座讲过。中国传统文化博大精深，应揭真谛。

工作期间，没有时间整理资料，现在退休，有暇顾及，以此作为一份精神食粮，献给大家。

乙卯年王以雍记

第一章　义理本义

一　阴阳观

《易经》思想体系其最根本的出发点是阴阳观，在文献典籍中，“阴”，用符号（--）表达；“阳”，用符号（—）表达，认为世间万事万物皆服从如下的规律：

阴阳和则生

阴阳离则灭

阴阳错则变

阴阳平则佳

把握阴阳则统御整体

阴阳之间的相互关系是，相对、相补。相对意味二者相反，男与女相对，二者的功能相反；相补意味二者相依，互相补充，男不能离女，女亦不能离男。否则，种族就不能繁衍。阴与阳的这种相互关系和作用，在生活中比比皆是，司空见惯。觉性认识如此，理性认识似乎亦如此，但常常又说不准确。为此，从道理方面加以论述。

二 阴阳的性质及其变化

为讨论方便，阴（⚋），用英文字母 a 代表；阳（⚊），用英文字母 b 代表。

如果阴阳之间是绝对对立的状态

则
$$a = 1,$$
$$b = 0$$

或
$$a = 0,$$
$$b = 1$$

夫妻双方是阴阳关系，如果失去男或女，即呈孤阴不生，独阳不长，则是绝对对立。

如果阴阳之间呈相对的对立状态

$$\text{则}\quad a + b = 1$$

这是阴阳并存，夫妻同在，能够生生不息。

$$\text{当}\quad a = 1\text{时，}b = 0$$
$$\text{当}\quad a = 0\text{时，}b = 1$$

亦即相对的对立状态中含有绝对的对立，相对可以转化成绝对。

由上述关系　　$b=1-a$

或　$a=1-b$

事物的性能是由阴阳双方的交合作用所构成，在数理上就成为阴与阳相乘的关系：

事物性能　　$s=a\times b$

$=(1-b)\times b$

$=b-b^2$

泛化之，令　　$b=x$

则　　$a=1-x$

所以　　$s=a\times b$

$=(1-x)\cdot x$

$=x-x^2$

由数学可知，此为抛物线的方程式。

为了直观，将此方程式的数理关系绘成几何图像：

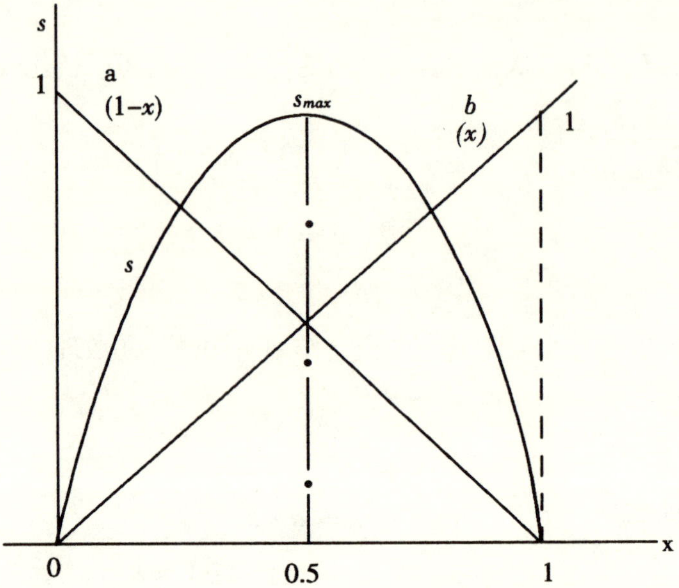

可以看出，事物性能的最高值 s_{max}，恰恰出现在 $a=b$ 的情况下。

此意味，阴阳平衡，事物的性能最佳。阴阳平衡，阴阳和谐在中国文化中叫做中庸、中道、中和，等等。总之，以中为佳，亦即阴阳平则佳。在实际生活中，最常见的例子是夫妻关系，夫为阳，妻为阴，二者平衡、和谐，意味中道，最佳。与此相反，大男子主义，不好；大女子主义，也不好。推而广之，天时不如地利，地利不如人和，和为贵。人和是人际和谐、平衡。中道作为中国文化的核心，不仅是实践的结果，经验的结果，而且还是科学理性的必然。

由于 $s=x-x^2$，x 是个变量，x 的变化意味着 a、b 的变化，亦即阴阳的变化，所以，阴阳错（变）则变，也是科学理性的必然。

当 $a=1$，$b=0$ 时　　$s=0$

落于文字，则是阴阳离则灭。

同理：$a=0$，$b=1$时　　$s=0$
亦是阴阳离则灭。这一点，从几何图像可以
直观地看出。

当　$0<x<1$时
亦即　$1>a>0$　　$0<b<1$　　$s\neq 0$
这是阴阳同时存在的状态，文字叙述则是阴
阳和则生。

由于　$s=a\times b$
事物的性能决定于 a 和 b，亦即把握阴阳则
能统御整体。

阴阳观是《易经》的核心，阴阳的变化律又是万事万物的根本规律。因此，义理就是天道、地道、人道。“一阴一阳之谓道”，是中华文化的真谛，亦是至理名言。

义理偏于道理，偏于科学，在历史上着重于推理、求理的学者亦称义理派。

至于在一个整体事物中，何者为阴，何者为阳，智者能察。

中国传统教育，儿时多重背诵，不重讲解，实践证明，儿时记忆永生难忘，何故？乃儿时阴胜于阳，阴主纳也。此，愚者难辨。

阴阳寓于生命，难以察觉，从理论分析可知，生命之前期，阴胜于阳，后期则反。此在百姓生活经验可得反映，如“前三十年睡不够，后三十年睡不着”。

三　环境之阴阳变化及其生物

《易经》的思想是把一切事物均看成由阴阳两个部分所构成，在历史上亦称事物皆成对。整个自然界的事物千千万万，不可胜数，但皆不出阴阳的制约，简括之，法于阴阳。自然空间亦不出阴阳之约，空间环境亦由阴阳双方所构成。如何构成？空间环境是变化的，以地球而论，有极阳而无阴，寸草不生之地，如新疆的戈壁滩，从《易经》的阴阳观来看，此为有火无水，阴阳离决，生气灭绝，生物不能生存。反之，极阴而无阳，有水无火，生物亦不能生存。有阳无阴，有阴无阳，是两个极端。如果空间环境既有阴，又有阳，生物自然而生，或言，只在阴阳相济的空间环境中，生物才能繁衍。因此，从阴阳观点可对空间环境进行定性定量的分析：

设　k_1—表示空间环境中阴性的部分

k_2—表示空间环境中阳性的部分

ξ—表示空间环境与阴阳相关的因数

由此，k_1、k_2 的数理表达可书写如下：

$$k_1 = 1 - \xi$$

$$k_2 = 1 + \xi$$

ξ 的数值范围为 $-1 < \xi < 1$

当　$\xi = -1$ 时　　　$k_1 = 2$

$k_2 = 0$

表示空间环境中有阴而无阳，相当于有水而无火，有寒而无热，生物不能生存。

$$\text{当}\quad \xi = 0\text{时} \qquad k_1 = 1$$
$$k_2 = 1$$

表示空间环境中的阴分与阳分平衡而和谐，水火相济，寒热相融，万物繁茂。中国文化称此为物华（繁茂）天宝（境和）。从《易经》思想看，阴阳和谐则佳，佳则生生不息。佛家称此为因缘和合，缘起性空。其意为，一切事物，本来没有，一旦因缘条件具备，则油然而生。生之后，又经历成、住、坏、空，生灭不已。

$$\text{当}\quad \xi = +1\text{时} \qquad k_1 = 0$$
$$k_2 = 2$$

表示空间环境中有阳而无阴，有火而无水，有热而无寒，生物亦是不能生存。

将 k_1、k_2 的数理表达绘成图像：

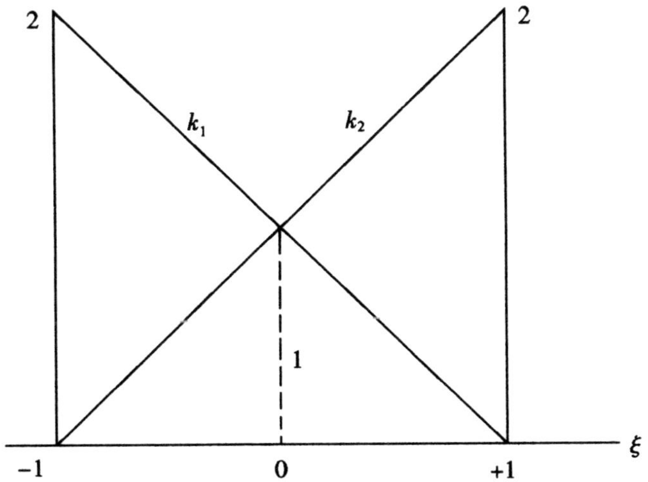

由图可以看出：当$-1<\xi+1$时

空间环境是阴阳相兼的，生物能够出现。因此，生物存在的空间环境必定是：

$$k_1 \times k_2 = (1-\xi)\cdot(1+\xi)$$
$$= 1-\xi^2$$

此式的图像为：

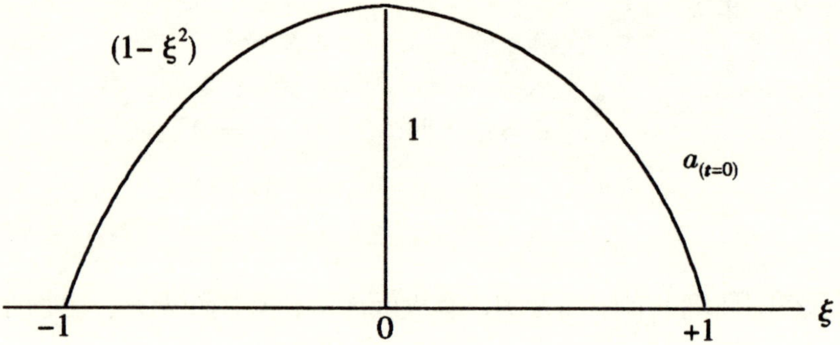

由图看出，空间环境是变化的，有好有坏，对于生物而言，最佳的空间环境是：

$$\xi = 0$$

即空间环境中的阴与阳相互平衡，形象言之，水火相济，寒热协调，数理的表达则是：

$$k_1 \times k_2 = 1$$

$$= a\ (t = 0)$$

这里引入时间 t 的概念，因为生命体与时间相关。在阴阳平衡的环境中：

生命开始　$t = 0$

生命结束　$t = 1$

在阴阳不平衡的环境中：

生命开始　$t = 0$

生命结束　$t = 1 - \xi^2$

$a_{(t=0)}$ 是 $t = 0$ 时（t 为生物之寿命）生物体中的阴分，这种状态下生物的阴分最大。

当 $\xi \neq 0$　　而处于 $-1 < \xi < +1$ 的范围　　且 $t = 0$ 时，则生物体中的阴分即为：

$$a_{(t=0)} = 1 - \xi^2$$

不难看出，在这种情况下，阴分降低了。因此，生物体中的阴分 a 与空间环境有关，而且来源于空间环境，或言，来源于自然界。推理可得，生物之性状与地理环境有相关性，西方哲人亚里士多德亦发现地理环境对人的智力和性格有重大的影响。

以人的生命为例，人体之阴分 a 的一般数理表达应为：

$$a = (1 - \xi^2) - t$$

阳分　　$b = t$

当 $a=0$ 时

表示人的生命结束、阴分完全转化为阳分

所以 寿命 $t=1-\xi^2$

可见，空间环境中的阴分与阳分平衡时：

$$\xi=0$$

$$t=1$$

而 $\xi\neq 0$ 时

$$t=1-\xi^2$$

显而易见，空间环境中的阴分与阳分不平衡时，人的寿命将减小。

故知，生命不仅与时间有关，而且也与空间有关。在这种情况下，人的生命的数理表达将是：

$$\begin{aligned}\text{生命}\quad s&=a\times b\\&=[(1-\xi^2)-t)]\times t\\&=(1-\xi^2)t-t^2\end{aligned}$$

ξ 表与空间相关，t 表与时间相关。

人的生命其运动变化应由空间和时间两个因素来描绘，其变化轨迹是一个立体图像：

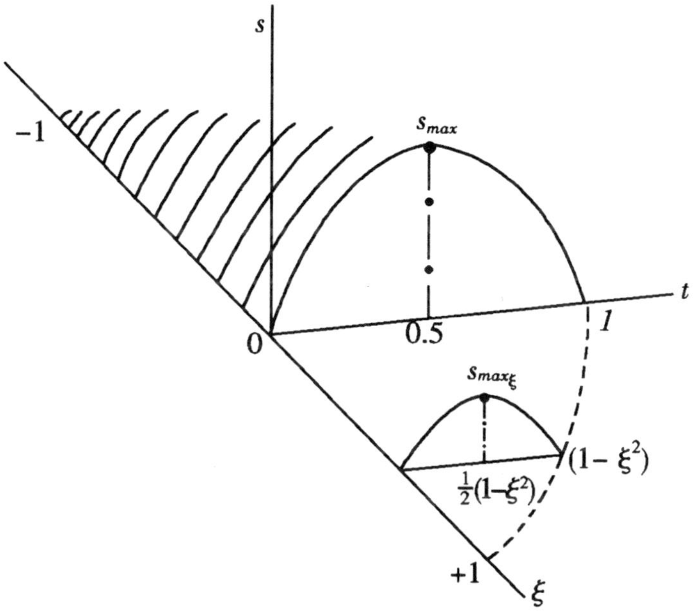

由图可以看出：

当 $\xi=0$ 时，生命 s 的形态最大，寿命最长，$t=1$。这是空间环境中阴与阳完全平衡的状态。

当 $\xi\neq 0$ 时，生命 s 的形态缩小，寿命也降低，$t=(1-\xi^2)$。这是空间环境中的阴与阳不平衡的状态。

由此，从人的生命可推而广之，一切生命状态均受时空制约，时空发生变化，生命状态必随之变化，生命是时空的函数：

$$s=f(\xi,\ t)$$

至此可知，空间环境是变化的，其变化之原因出于空间环境中阴分与阳分匹配不同。

空间环境是生发万物之舍，舍存物生，舍灭物亡。舍存之条件为：

$$k_1 \times k_2 = 1 - \xi^2$$

$$-1 \neq \xi \neq +1$$

而处于 $-1 < \xi < +1$ 之间

亦即空间环境中的阴与阳相济时，生物出现；空间环境中的阴与阳离决时，生物灭亡。

因此，人作为万物之灵，应该注意人类生存的空间环境。如何判断空间环境的好与坏，可用考虑空间环境的因数 ξ 来作为判别的依据，$(1-\xi^2)$ 的数值可以表示空间的状态：

$\xi = -1$　　空间环境有阴无阳，生物灭绝

$(1-\xi^2) = 0$　　空间环境一片死气

$\xi = 0$　　空间环境阴阳平衡，生物生生不息

$(1-\xi^2) = 1$　　空间环境生气勃勃

$\xi = +1$　　空间环境有阳无阴，生物灭绝

$(1-\xi^2) = 0$　　空间环境死气沉沉

可见，空间环境阴阳平衡最佳，谓之空间中道。

第二章　义理致用

一　中医的理论内核

中医学之理论核心，是阴阳和阴阳平衡。中医学之“法于阴阳”，是说人体之一切生理、病理，均受阴阳规律之支配。阴阳为广义词，乃指构成一事物之相对的两个方面，是从功能属性而言。例如抑制与兴奋是两种相对的性质，前者属阴，后者属阳。阴阳、虚实、表里、寒热等均是。

阴阳双方共同维持生命，缺一不可。阴阳双方的变化，意味着生命的变化。生命的变化可以感知，亦可眼见，大致分为生、长、壮、老、死五个阶段。阴阳双方既相对又相补，这种属性是客观存在，亦是客观真理。

将阴阳抽象化，数理化，可得其变化规律：

阴　　$a = 1 - t$

阳　　$b - t$

t 为人之寿命

初生时

$t = 0$

寿终时

$$t = 1$$

人之年龄无论多少，最高皆为“1”，由此看出，年龄愈小，亦即 t 值愈小，阴分 a 值愈大；反之，年龄愈高，t 值愈大，阳分 b 值愈高。

谈阴分 a 和阳分 b 之高低，有抽象感，具相到生活层，则易接受。例如小儿，面色红润，犹如水珠，令人爱欲触摸。而老人，面色干燥，犹如火燎。老小相比，即是阴阳的差别。

中医学之阴，偏水性；而阳，则偏火性，生活如此。泛化之，世间生物，皆是先生根，后长苗。以阴阳观之，根属阴，苗属阳，阴先阳后，此乃自然现象。中医理论内核，同于此。

由于根为阴，苗为阳，就空间言，阴在下，阳在上；就时间言，阴在先，阳在后，亦是自然规律，涵盖一切。

结合到人体构造，阳居上，由三阳构成，三者，心（脑），心包（心脏），肺，统属阳。以图像示之，如下：

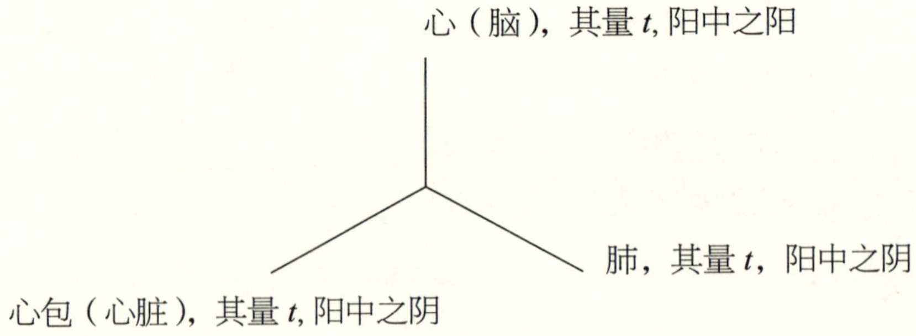

心（脑）为阳中之阳，心包（心脏）与肺为阳中之阴。泛称之阳（b），指阳中之阳，即心（脑）。

阳分在一生中是变化的，随 t 之量在（0 ~ 1）之间而变，以图像示之，如下：

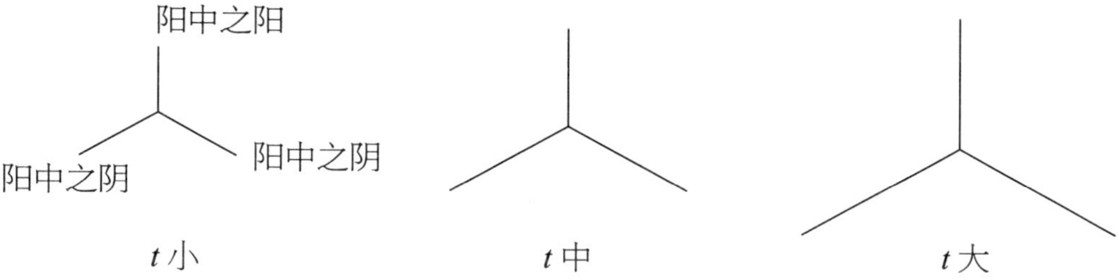

阴居下，由三阴构成。三者，肾，脾，肝，三者之关系亦以图像示之，如下：

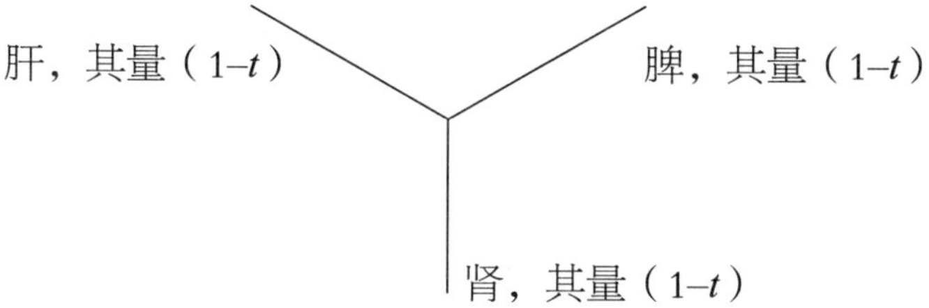

在一生中，阴分是变化的，其变化范围为（$1-t$）。泛指之阴 (a)，系阴中之阴，即肾。t 是人的寿命，初生时，t=0，寿终时，$t=1$，在此范围，阴分的变化示之如下：

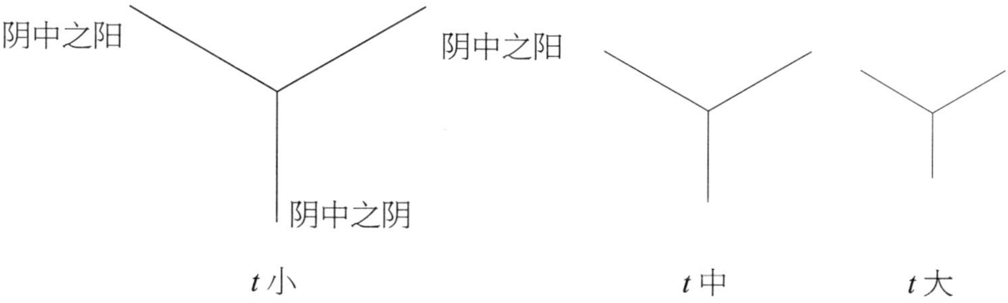

为清晰起见，将三阴三阳之变化绘于一起，如下：

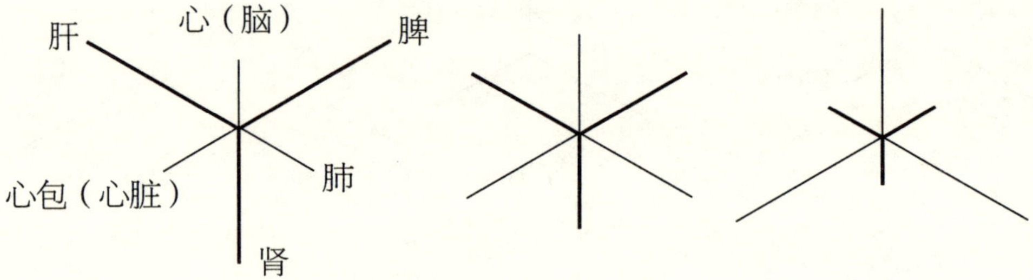

t 小　　*t* 中　　*t* 大

由图可见，在人的一生中，阴分与阳分都是变化的，变化的量是，阴分从 1 ～ 0，阳分从 0 ～ 1，共呈三付阴阳体，即：

阴		阳	
肾	～	心（脑）,	一付
肝	～	肺,	一付
脾	～	心包（心脏）,	一付

三阴、三阳，合而为六，亦可依习称为阴阳、六行。

称阴阳是总观，人生不离此阴阳。

称六行是分视，细品之，肝、脾、肾，三脏构成一总阴，心（脑）、心包（心脏）、肺，三脏构成一总阳。

泛观，阴　$a=1-t$

　　　阳　$b=t$

细言，以心（脑）～肾为例，

肾为阴， 其变化 $a=1-t$

心（脑）为阳，其变化 $b=t$

生死之间，阴阳之变，受 t 之制约。幼年与老年，t 值不同，生命状态不同，属时间性。

细微时间，生命总在波动，低沉时 t 值减，高亢时 t 值增，增减之量以 Δt 表之：

低沉时， $t-\Delta t$

阴分 $a=1-(t-\Delta t)$

阳分 $b=t-\Delta t$

高亢时， $t+\Delta t$

阴分 $a=1-(t+\Delta t)$

阳分 $b=t+\Delta t$

以阴阳言，年龄的时间性，是基本的，花甲之年，已处衰期，如再过度亢扬，则是衰上加衰。由此引出，中医学的养生之道，旨在使 t 值减小，俗言返老还童。

中医实践除六脏之外、尚有六腑、十二经络与之偕行，成为人体生命整体。

六脏配六腑：

六脏		六腑
心（脑）	～	小肠
心包（心脏）	～	三焦

肺	~	大肠
肝	~	胆
脾	~	胃
肾	~	膀胱

脏与腑各以经络外延于体表，或言经络是脏腑的外延，脏腑在内，经络在外，内外形成一整体。

各脏腑与经络之关系如下：

1. 手少阴心（脑）经
2. 手太阳小肠经
3. 手厥阴心包（心脏）经
4. 手少阳三焦经
5. 手太阴肺经
6. 手阴明大肠经
7. 足厥阴肝经
8. 足少阳胆经
9. 足太阴脾经
10. 足阳明胃经
11. 足少阴肾经
12. 足太阳膀胱经

除十二经外，尚有任督二脉。任脉统一身之阴分，督脉统一身之阳分。

总合之，人之一身，大分，是阴阳，细分，是六脏六腑。再经分，是十二经络。再外加任督二脉，则是十四经脉。脏腑在里，经脉在表，里表合二为一，成一整体。

t 是宏观的量度，变化范围涵一生，约 80~100 年，甚至更多，尚有微观的量度，即一日 24 小时，在 24 小时内，脏腑是波动的，举例言，中午 12 时为一日之阳，心（脑），阳中之阳应之，处高峰；子夜 24 时，为一日之阴，肾，阴中之阴应之，处反向高峰，余，类推。

脏腑之性能有空间性，阳在上，阴在下；亦有时间性，随微观（24 时）而变化。

经络是脏腑的外延，所以，经络的变化亦有时间性。中医针灸、推拿，施术的时间选择，亦来自此。

二　生命本于阴阳

由于生命的阴阳双方是相对相补的关系，所以，可用数理的方法加以描述。

假定　a 代表阴，b 代表阳

当二者处于绝对对立的状态

$$a = 1,$$
$$b = 0$$

或

$$a = 0,$$
$$b = 1$$

当二者处于相对对立的状态，亦即既相对又相补，则：

$$a + b = 1$$

中医学认为："阴成形，阳化气"、"阴为体，阳为用"、"人生有形，不离阴阳"……细究其意，阴指物质结构，阳指功能属性。"体用不二"，是中国哲学的观点。从现代科学知识可知，凡功能表现必消耗能量，在一般情况下，所消耗之能量与时间成正比，可以写出：

$$b \propto t \qquad t\text{ 为时间}$$

或 $b = k \cdot t$ k 为常数

$t = 0$ 生命开始之时间

$t = 1$ 生命结束之时间

不难看出，当生命结束之时，$b = 1$

$$\begin{aligned} b &= k \cdot t \\ &= k \cdot 1 \\ &= 1 \end{aligned}$$

所以 $k = 1$

于是阴阳双方的变化规律可书写如下：

$$a = 1 - t,$$
$$b = t$$

根据中医学“生之本，本于阴阳”之涵义，用数理方法表达，就是乘法关系，故得：

生命（力） $$\begin{aligned} s &= a \times b \\ &= (1 - t) \cdot t \\ &= t - t^2 \end{aligned}$$

三　生命规律

由上可知，阴（a）与阳（b）均受时间（t）的制约，或言二者均是时间之函数，将此数理表达式绘成几何图像：

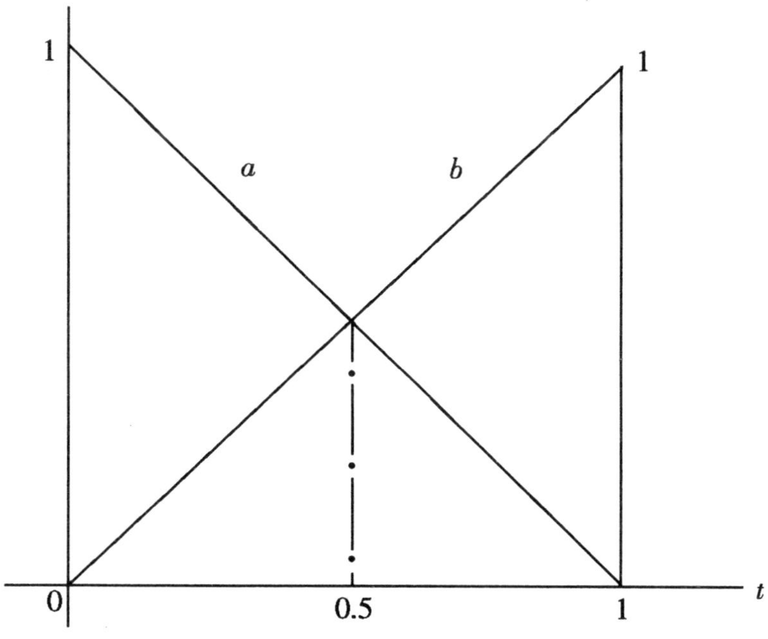

从图看出，当 $t=0$ 时　　$a=1$，

$b=0$

在生命刚开始之瞬间，阴（a）的部分完好无损，阳（b）的部分尚未出现，此时之生命（力）状态可谓纯真之体，因阳（b）未出现，没有丝毫的消耗。

$$当\ t = 0.5\ 时 \qquad a = 0.5,$$
$$b = 0.5$$

意味人到中年，阴阳平衡。在一生之中，平衡状态仅此一次，且为时一刹。

$$当\ t = 1\ 时 \qquad a = 0,$$
$$b = 1$$

表示生命结束，寿命已终，阴分（a）耗尽，全部转化为阳分（b）。

总之，阴分（a）随时间之增长而下降，阳分（b）随时间之增长而上升。

$$当\ 0 < t < 1\ 时$$
$$a + b = 1 \quad 表示生命存在。$$

由于阴（a）与阳（b）之和为1，所以，阴虚必阳盛，阴盛必阳虚。阴阳平衡只在中年出现，且为时短促。在一生绝大部分时间里，阴阳是不平衡的。也正因此，才引起生命的变化，其变化规律为：

$$s = t - t^2$$

至此可知，生命（力）也是时间的函数。将生命（力）s 与时间（寿命）t 之间的关系绘成几何图像：

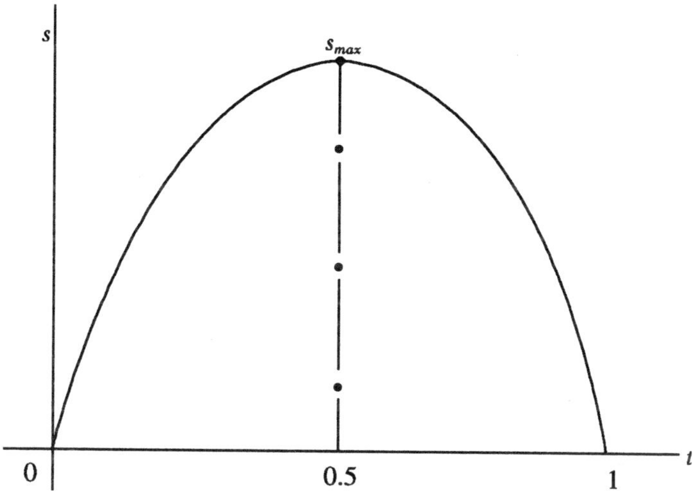

从图看出，人到中年（$t = 0.5$）时，生命（力）s 之值最大，而此时恰好阴阳平衡。《易经》言，阴阳和谐（即平衡），生生不息，乃至理名言。

在中年以前（$0 < t < 0.5$），阴大于阳，供大于消，s 之值随 t 之增长而上升。

在中年以后（$0.5 < t < 1$），阳大于阴，消大于供，s 值随 t 之增长而下降，最后降为 0，死亡来临，生命结束。人的生命是生、长、壮、老、死的过程。由生→壮，是上升；由壮→死，是下降。反者道之动，人的生命恰恰如此。

生命过程，从生到死，阴阳是变化的，从而引起生命变化。中医理论名言“阴阳平衡，精神乃治，阴阳离决，精气乃绝”。此乃义理至言，客观真理。

阴阳之词，其涵义是广义的，但对具体事物其涵义则是狭义的。例如“阴为体，阳为用”，阴的作用是能够长身体，起积蓄、建设作用，可以理解为物质、能量之储存。阳的作用则具有机能属性，与阴的作用相反，可理解为物质、能量之消耗和发散。简言之，阴为聚，阳为散，阴属物质，阳属功能。以气功为例，气功（静功、内功）属阴，动功（动功、外功）属阳。气功修炼可积蓄能量，而动功则发散能量。这一点对于练功家而言，属于常识。

四 养生原理

《易经》研究的重点是阴阳及阴阳的变化。生活中常见暮年人糊涂，何以至此？原因在于阴虚阳盛，根基不足，思维散乱。与此相反，修行家思维不乱，行体不坏，俗语是久坐固化，何以至此？阳虚阴盛之故也。生活中极少见，中国、泰国佛教界能见。

从中医理论看，静功炼阴，动功炼阳。静功修炼长久，则阳降阴升，出现返青的变化，以图示之：

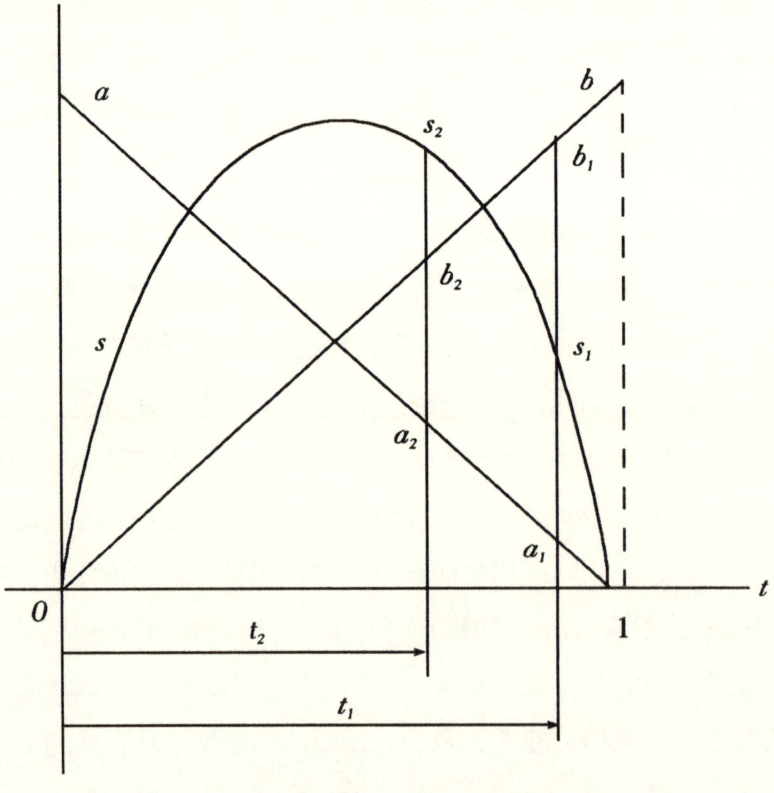

假定某人其生理状态处于 a_1、b_1、s_1，其寿命为 t_1，由图可知，此人已是老年状态。开始修炼静功，久之，由于阳降阴升的结果，达到生理状态为 a_2、b_2、s_2，寿命为 t_2 之状态。总的效果，生命（力）上升了，阴虚阳盛的状态向好的方向转化了，寿命也倒退了，人变得年轻嫩化了，体质自然而然地变好。无病者可起到健身延寿之效，有病者由于阴阳状态改善，体质转好，抵抗力增加，可起到祛病健身之效。因此，静功又名养生功，究其原委，在于调节阴阳，使体质转化。由此可知，静功属于中医理论和治疗的范畴。

静功修炼，要点在于降阳，阳降，阴自升，其效果为生理时间逆行，这一点与自然时间正行恰好相反，因此，可达返老还童。简言之，即为时间倒流。

阴阳为中医术语，对静功而言，阴相应于抑制、安静、净化；阳相应于兴奋、活动、杂染。

$$\text{由于}\quad a + b = 1$$

只要把阳分 b 降下来，阴分 a 即自动上升。降阳，在静功术语中谓之“入静（净）”。所谓“入静（净）”，就是要求大脑及全身处于清静（净）无为的状态。由此可知，为何静功修炼要求入静（净）和放松。这里，静和净是首要的。静指安静，净指头脑中的一切思虑、念头清除干净。入静（净）的深浅是影响静功效果的关键。

五　生理时钟与自然时钟

由于生理时间与自然时间不一致，因而二者存在相对性，或言生理时钟与自然时钟可以同步，也可以不同步。因为生理时间与阳分 *b* 相关，所以心绪正常之人，其阳分也正常，生理时钟与自然时钟同步，生理年龄与社会年龄相等。心绪恶劣，焦灼不安之人，其阳分甚高，生理时钟行走快于自然时钟，因而早衰，生理年龄大于社会年龄。京剧伍子胥过昭关，焦灼至极，一夜之间愁白了须发。文艺描写虽带夸张，但不失生活真实。心绪愉悦者，其阳分低，生理时钟行走慢于自然时钟，可获长寿，生理年龄小于社会年龄。静功修炼有素者，阳分降低甚剧，阴分极高，其生理时钟转动极慢，虽未停滞亦几乎接近停滞，自然时钟照常运转，而其人的生理时钟几乎不动。如果此人修炼时间很长，久之，则寿命增加甚多，例如唐代慧昭和尚，身居武陵开元寺，二百九十岁仍健在，后移他寺，记载中断，终年不详（见《名人大辞典》），由此可见静修之效。

爱因斯坦的相对论中也有类似见解。例如，某日一群大学生在校园中遇到爱氏，问，爱因斯坦先生，你的相对论实在难懂，能否讲讲。爱氏言，好，你和你的女朋友坐在公园的椅子上谈情说爱，过了两小时，你只觉过了五分钟；你坐在滚烫的火炉上，过了五分钟，你感觉过了两小时，这就是相对论。

学生们听后似懂非懂，丈二和尚摸不着头脑。

爱氏的一席话，与中国文化的无为法、中医理论、静功修炼一致。人的心情舒畅时，阳分甚低，生理时钟变慢，才运转了五分钟，而自然时钟已转了 2 小时；心情焦躁时，阳分甚高，生理时钟变快，已转了两小时，而自然时钟才转了五分钟。

由此可以悟出，养生的关键在什么地方了。

综上所述，静功原理乃人体生命阴阳规律之反用，降阳可以降低生理时钟的速度，减少消耗，从而取得健身、延寿之效。由于正气内存，邪不可干，亦可收到祛病的效果。这个事实是长期众人实践的结果，毋庸置疑。

六　义理与思维

中国的《易经》，国外学者称为“易学”，认为这是研究事物变化的一门学问。《易经》思想的出现，按现在掌握的资料约在九千年之前。近代传到了西方，西人翻译最为完整的一部《易经》是法国汉学家卫理贤所作，1923 年以法文在法国出版。1913 年德国人 R· 魏克尔向京师大学堂（北京大学前身）劳乃宣校长学习《易经》，后来译成德文，亦于 1923 年出版。1949 年美国人伯仁斯又从德文转译成英文，以英文出版。从 1949~1990 年英文版的《易经》又再版了二十四次。按 1994 年 6 月 2 日《人民日报海外版》报道，现在美国有十一种版本的《易经》出售，美国人戴安娜 · 雷克女士对《易经》做了详细的钻研，1973 年出版了一本通俗读物《易经与你》。

欧洲哲学权威 C. G. Jung 为英文版《易经》作了序言，其中有一段话：“谈到人类唯一的智慧宝典，首推中国的《易经》。在科学方面，我们所得的定律，常常是短命的，或被后来的事实所推翻，唯独中国的《易经》，亘古常新，相传六千年之久，依然具有价值，而且与最新的原子物理学有颇多相同的地方。”

在国内，历代学人研究《易经》的文献已超过四千种，仁者见仁，智者见智。比如《易传》，已把原来的《易经》思想大大推向学术高层，进入哲学领域。历史发展到现代，《易经》思想又与儒释道合参。现代之《易》，可谓集历代研究之大成。

国外学术界对《易经》的评价甚高。目前已知受易经思想影响获诺贝尔奖的学者已有六位，其中华裔两位，李政道、杨振宁，德国人洪森堡，丹麦人玻尔，比利时人普利高津，日本人汤川秀树。玻尔是量子力学的创始人之一，在物理学方面颇有建树，丹麦政府为了表彰他的功绩，为其颁发勋章，勋章的图案是玻尔亲自设计的，即太极图的阴阳鱼。玻尔认为，中国哲学的阴阳观，甚有见地，他受益匪浅，受此影响，他自己提出了“互补原理”。

历史和社会实践证明，学术的进步，科学的创造离不开人的思维，而人类的思维基本上可分成两大类，一类来自直感（直觉）、感性，形成形象思维；另一类来自曲感（抽象）、理性，形成抽象思维。直感与曲感，形象思维与抽象思维，是思维太极之两仪，形成阴阳关系。从学术实践亦知，创造来自灵感，灵感来自思维，而思维是大脑的产物，出自于一。那么，这两类思维必定形成如下的关系：

如果一个人的全部思维量是 1（太极）
假定其抽象思维量是 x（阴）
那么，其形象思维量就是（$1-x$）（阳）
二者的交合量是 $x(1-x)$

由义理，阴阳合则生，阴阳离则灭，阴与阳的交合成为思维，阴与阳相互平衡而且交合则是最高的思维，亦即灵感。思维的数理表达为：

$$\text{思维}\quad \theta = x(1-x)$$
$$= x - x^2$$

将此数理表达绘成图像：

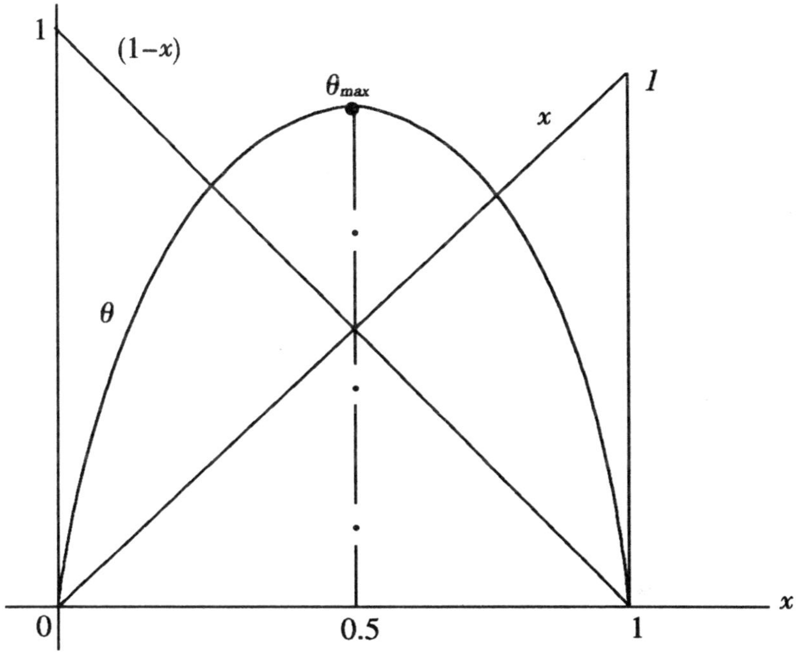

由图可知，当 $\theta = \theta_{max}$ 时，即为灵感

$$此时 \qquad x = 0.5$$

理论分析表明，一个人当其形象思维与抽象思维相互平衡时，思维最高，出现灵感，创造性亦最高。《易经》术语，阴阳平则佳。

一个人思维能力之高低，决定于思维中阴阳两仪的交合状态，即决定于形象思维与抽象思维的匹配关系。

思之，再思之，思之不得，神鬼告之。“神鬼”就是灵感。善于寻找灵感的人，必须勤思，又必须学会放松，松紧平衡而相互交合时，出现灵感。由于阴阳交合的时间极短，灵感出现，不记即逝。

七　人的灵性

思维来自人的生命，根据《易经》和中医学的理论，人的生命（力）受时空制约，形成一定的规律，可以用数理形式表达如下：

$$s=(1-\xi^2)t-t^2$$

这个结果可参阅“义理本义”一节。

s—生命力

ξ—空间环境之阴阳对比的因数，其值在$-1\sim0\sim+1$之间变化。

当空间环境为极阴性时，例如水中，人不能生存，$\xi=-1$

当空间环境为阴阳平衡时，例如寒热适中，风调雨顺，$\xi=0$

当空间环境为极阳性时，例如火中，人亦不能生存，$\xi=+1$

可以想象，当$\xi=0$时，空间环境阴阳平衡，万物茂盛，人作为生物，其生命力也是最高的。

t—时间，人的生理年龄。

生命开始时，$t=0$

生命结束时，$t=1$

为讨论方便，假定 $\xi=$常数

对 s 取导数，得：$ds/dt=(1-\xi^2)-2t$

s 本身是时空函数，亦即信息，或言，人的生命（力）其本质乃是时空状态的表达，人体生命是时空信息的载体。时空本为宇宙，可简作“天”，是故，中医学称为“天人相应”。ds/dt 是信息的梯度，也就是人对信息反应的灵敏性，也可简作人的灵性。由上式可知，人的灵性与年龄有关，其规律如下：

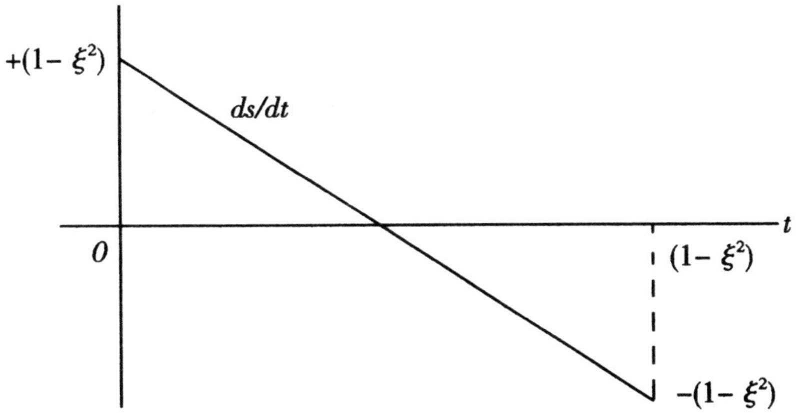

由图可知，人的年龄 t 愈小，对于信息反应的灵敏性愈高。随着年龄 t 的增长，灵性呈现下降的趋势。进入老年 $\left[\frac{1}{2}(1-\xi^2)<t<(1-\xi^2)\right]$，灵敏性变成负值。年龄愈大，趋负愈甚。不言而喻，负的灵性就是钝性。年龄愈高，动作愈迟钝，也是生活常识。可见，《易经》和中医学的理论与生活实际是相合的。

八　思维规律

由上述可知，t 愈小，灵性愈高，意味着人的年龄愈小，反应愈灵，这一点是生活常识。对于信息反应的灵敏性也就是人对信息的感受能力，可以简作觉性。当环境是阴阳平衡的状态，$t=1$ 时，人即死亡，此时其觉性为 0，故，据此可将上述改变如下：

当环境不是阴阳平衡的状态时，觉性的数理表达可写成：

$$2(1-\xi^2)-2t=a\text{（阴）}$$

当 $\xi=0$ 时，亦即环境是阴阳平衡的状态，上式为：

$$2-2t=a\text{（阴）}$$

故，$t=1$ 时，$a=0$，即觉性为 0。

根据义理，觉性为阴，理性为阳，当 $\xi\neq 0$ 时，设理性为 b。

则　$a+b=2(1-\xi^2)$

所以　$b=2t$

思维是其阴与阳的交合作用，设思维为 θ，

$$\text{则 } \theta=a\times b=[2(1-\xi^2)-2t]\times 2t$$
$$=4[(1-\xi^2)t-t^2]$$

当 $\xi=0$ 时，$\theta=4(t-t^2)$

将 $\theta=f(\xi,\ t)$ 的数理关系绘出图像：

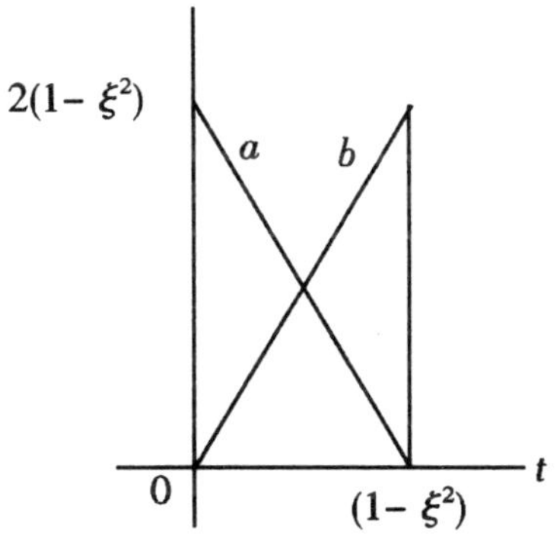

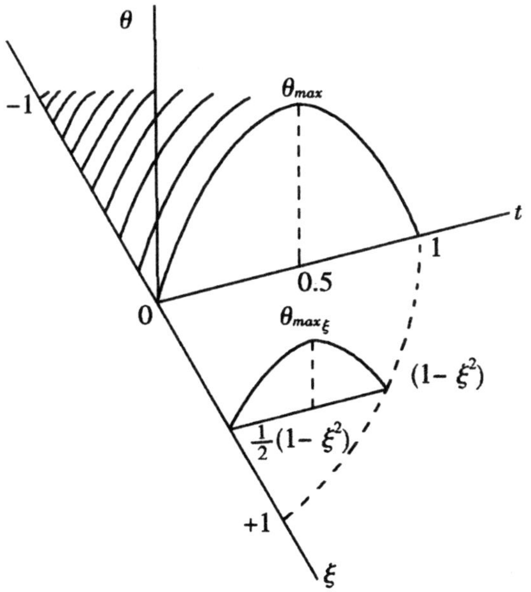

由图可知，思维与时空发生联系，或言思维受生理年龄和所处空间环境的制约。只有当空间环境是阴阳平衡，亦即 $\xi=0$ 时，思维作为一种形态，才最大，而且思维的最高点出现在人的中年。中年可贵，由此可见。

提到空间环境，对人而言有两层涵义，一层是自然空间环境，阴阳平衡，$\xi=0$时，意味着寒热适中，风调雨顺，万物繁茂，呈现天宝（环境好）而物华，人居其中，亦地灵（环境好）而人杰。另一层涵义是社会空间环境，当阴阳平衡，$\xi=0$时，意味着物质生活和精神生活相谐调，个人与群体、个人与社会相和谐，我为人人，人人为我，人的行为可达最佳状态（这是行为科学的内容，细节另见），力图贡献出最大的才华，为众生谋福。总之，自然环境阴阳平衡，人杰物华；社会环境阴阳平衡，文昌业富。《易经》思维的这种见解，与历史和社会实践是相合的。

九　智慧的开发

智慧与知识不同。知识是以往认识的积累，智慧则是未来认识的开启。知识可以传授，中国文化称之为“传道，授业，解惑”，可以编课本，编讲义，以实践作基础，有据可查。智慧则否，无法传授，有经验的师长可以从旁启发，诱导，无法写成文字。简括之，觉性、智慧为内求，自出；理性、知识则是外求，他入。

孔夫子曾提出，“生而知之，学而知之”。对生而知之，一般人难以理解，难以接受，但是，当做学问做事业达到深处，修心养性做到净心，就会发现，孔夫子所言，不是妄语。为了使这个问题有一直观的认识，再用《易经》的阴阳观加以阐述。

前面已经讨论了静功修炼可以使人的生理时间倒流，导致返老还童。从修心养性的角度言，必须强调无为，静功修炼亦须强调无为。胡思乱想，杂念不断，静功是决然不会奏效的。从《易经》的思维言，无为即是降阳，把消耗能量的功能活动降下来，其机制可参阅下图：

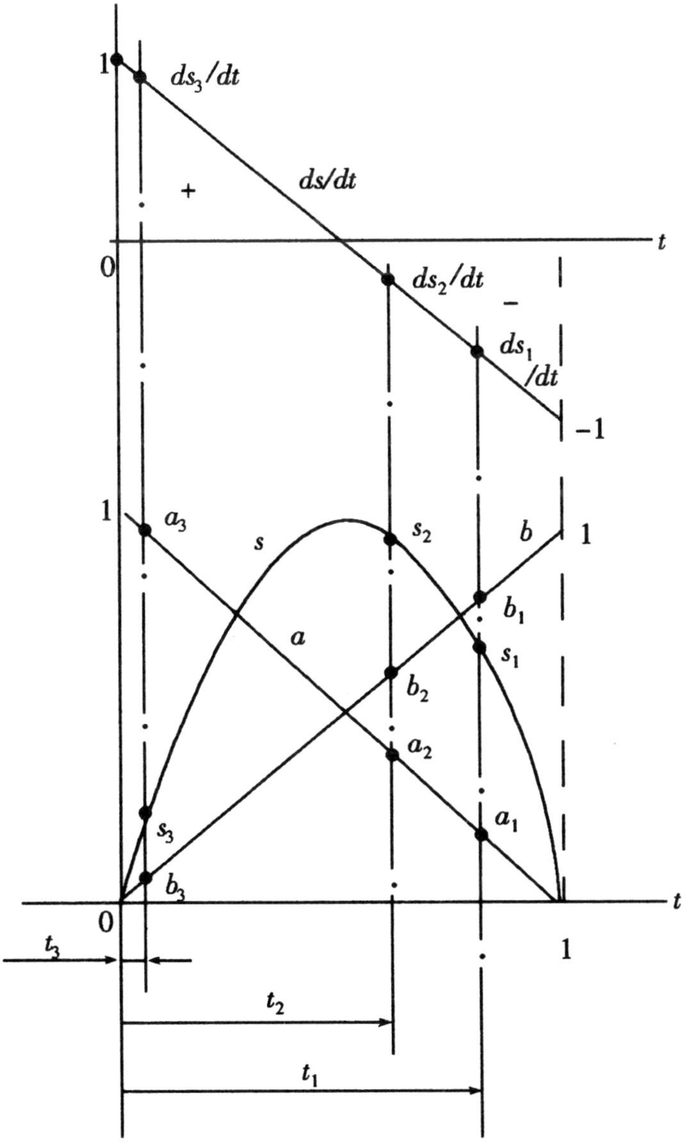

设某人的生命为 s_1，相应的阴分为 a_1，阳分为 b_1，寿命为 t_1，其灵性为 ds_1/dt。不难看出，此人系老年人。

在此基础上，此人进行静功修炼。凡修炼必须入静（净），亦即降阳，阳降则阴必升。

假设阳分从 b_1 降至 b_2，于是阴分即从 a_1 升至 a_2，生命则从 s_1 升至 s_2，寿命必从 t_1 降至 t_2，其灵性也由 ds_1/dt 升至 ds_2/dt。很明显，此人的生命状态改善了，出现一系列返青的变化，特别是灵性提高了。

由前述，人的灵性可用数理形式表达出来：

$$ds/dt = (1 - \xi^2) - 2t$$

假定此人处在阴阳平衡的环境之中　则 $\xi = 0$

上式可简化为　$ds/dt = 1 - 2t$

由于　$b = t$

所以　$ds/dt = 1 - 2b$

b 为阳，说明人的阳分愈高，杂念愈重，灵性愈低。因此，欲提高灵性，必须降阳。降阳就是把一切思念、活动清除，亦即无思无为。《易经·系辞》有言，“……无思无为，寂然不动，感而遂通，……”其意是，人在心无思虑，身无动作的状态下，灵性极高，高至可感受到常人感受不到的信息，佛家用“无境不照”来加以形容。

从图上也可看出，当修炼入静（净）极深时，阳分从 b_1 降至 b_3，阴分从 a_1 升至 a_3，生命从 s_1 降至 s_3，寿命从 t_1 降至 t_3，灵性则从 ds_1/dt 升高到 ds_3/dt。灵性大大提高了，接近最高点 1。

这种生命态相当于婴儿或胎儿的状态，生命力很低，但灵性却很高。从阴阳关系言，阳分很低，消耗极少，阴分很高，接近于纯真之体、无漏之身。纯真言不假，无漏指毫无泄漏，毫无损失，完满无缺。真正的无漏，只在 $t = 0$ 时方出现。

此时　　$a=1$

$b=0$

不言而喻，这是生命开始之际。

这种生命状态，一般人是达不到的，由此可以想象，一个成年人经过修炼返到这一步，其难度是相当大的。佛家对这种状态称为“明心见性，见性成佛”。佛的涵义是大觉大悟，大智大慧。

这种灵性极高的状态，多出现在修炼家的身上。灵性就是觉性，佛家称为佛性，道家称为感应，气功家称为元神（与识神相对，识神指思维意识），本文称为灵性。佛家言，人人皆有佛性，有时也把佛性称为真如，如来……真如是指真正的、如其本来的那个东西；如来则指如其本来的那个东西。那个东西，人人皆有，只是平时不显而已。何时才显，只在心态清净之下才有可能。一旦真如出现，其灵性远远超越常人之上，佛家称这种状态下的人是佛。佛者觉也，其理如此。

从《易经》的义理言，当人的灵性升到一定程度，距离的因素将自然消失，故可写出：

距离　　$l=0$

由于距离为0，故时间也自然为0

$\therefore$　　$t=0$

由此可得空间　　$l^3=0$

时间　　$t=0$

空间为宇，时间为宙，故，宇与宙皆为0。

宇宙本是无限的，但在高觉者面前，不复存在了。这种情况，中国文化称为“天人合一”。宋代学者陆象山言，“心即天理”，“吾心即宇宙，宇宙即吾心”，即是指此。

佛家称此为“梵我同一”。

我（ATHMAN）＝梵（BRAHMAN）

梵的涵义是大千世界，其意，我即是大千世界，我无所不在，无所不包。佛家认为，这是人对宇宙最深刻的洞察，是灵性（觉性）的至高境界，这种境界亦称为禅境、开悟。也有称为“证入”，其意是，人的直觉进入物中，物即人，人即物，物我合一，人境合一，主客不分，亲感亲验，一切均在觉中。

这种境界，如果用哲学术语，应该称为绝对境界，而不是相对境界了。

老子《道德经》也有言，“为学日益，为道日损，损之又损，以至无为矣，无为而无不为”。为学日益，指学习知识、本领，是会带来益处的，所学愈多，获益愈大。相反，为道日损，这里的道是指修炼、修行、修心养性，通俗言之，做气功亦是。气功本身属无为法，欲气功奏效，进入上层境界，必须净心。所谓净心，是把一切思虑、知见、分别意识清除干净，心愈净，愈能进入上层，反之，进入上层则难。为此，必须把思虑、知见、分别意识……抛掉，抛得愈干净，气功的境界就愈高。所以，老子提出“为道日损，损之又损，以至无为”，“绝学无忧”。对于老子的这番话，不知静修的人往往无法体会，甚至误认为老子所言是愚民政策。无为而无不为，涵义是无为之后无所不能。这一点，中外学问家、修行家几乎均有接触，但为常人所不解。中国道家的修行高境是，“无思无为，感而遂通；不疾而速，不行而至；不出户，知天下，不窥牖，见天道”。佛家的修行高境是，“一念不生全体现”；“定能生慧”；“应无所住，而生其心”；“圣智无知（无知指不加分别），万品俱照，法身无相，殊形并应”。儒家的修行高境是，“知止而后能定，定而后能静，静而后能安，安而后能虑，虑而后能得”。

英国科学家约瑟夫森（Josephson, B. D.），年轻时以自己高超的思维想象发现了超导结，获得了诺贝尔奖。他非常喜欢静悟的方法，为此特去印度学习瑜珈，将其用于科学研究，当问题不得解决的时候，常常用瑜伽的方法取得豁然开朗的进展。

爱因斯坦在科学界堪称是一位大学问家了，他对宗教提出了不同凡响的看法，说，没有宗教的科学是瘸子，没有科学的宗教是瞎子。（《爱因斯坦文集》第三卷，182 页）

一般言之，宗教强调虔诚、静默，容易导致灵（觉）性的提高，而科学则重怀疑、实验，容易导致理性的发扬，二者相反，犹如阴阳，但相乘为用。修行家有句话，“万物静中得”，认为静能获得信息。庄子则言，“嗜欲深，天机浅；静悟，见天机”，认为静的作用至关重要。

从义理言，任何事物均不离阴阳两面，相对相补，相反相乘，莫有外者。静与动，觉性与理性，亦是如此。由此观之，爱因斯坦提出宗教与科学的关系，也是可以理解的。

中文“慧”字，佛家用得最多，诸如定慧，大慧，本慧，净慧，慧昭，戒定慧……从中文造字的涵义看，慧可分成三个部分：

彗　代表扫帚苗，亦即扫帚

彐　代表手

心　代表心

其涵义是，手持扫帚在心上扫为慧，扫得愈干净，慧愈高，亦即灵性愈高。扫什么？扫一切思虑、念头，坏的念头要扫，好的念头也要扫，扫到不思善不思恶，就要见到心体的本来状态了。这个本来的状态，佛家称为真如、如来、本来面目、佛性，本文称为灵性。王阳明的话则是“无善无恶心本体，有善有恶意（心）之动”，“虚灵不昧”，所以，定（静）能生慧是思维的规律。另外一面，动（实践）能长智也是思维的规律。静与动是阴阳两面，不能分离，静动和谐则思维最佳。

到达这里，接触到了无善无恶与有善有恶的问题。无善无恶是无为的状态，这时灵性升高。从灵性与人体生理状态的关系看

$$\text{灵性}\quad ds/dt = 1 - 2t$$

可以看出，灵性与人的寿命有关。

$$\text{当}\quad 0 \neq t \approx 0\text{时}$$

$$\text{灵性}\quad ds/dt = 1 - 2t$$

$$= 1 - 2 \times 10^{-\infty}$$

$$\approx (ds/dt)_{max}$$

在心态上达到无思无为、无善无恶，在生理上就能把寿命倒退回来，回到胎息（气功家术语）的生理状态。这时灵性才最高。

$$\text{当}\quad t = t_x \quad t_x\text{为某一寿命值}$$

$$\text{灵性}\quad ds/dt = 1 - 2t$$

$$= 1 - 2t_x$$

$$\text{因为}\quad t_x \neq 0$$

所以，人在某一寿命状态下的灵性

$$(ds/dt)_x < (ds/dt)_{max}$$

亦即灵性降低了。由此可知，人的灵性是变化的，变化的规律如下图所示：

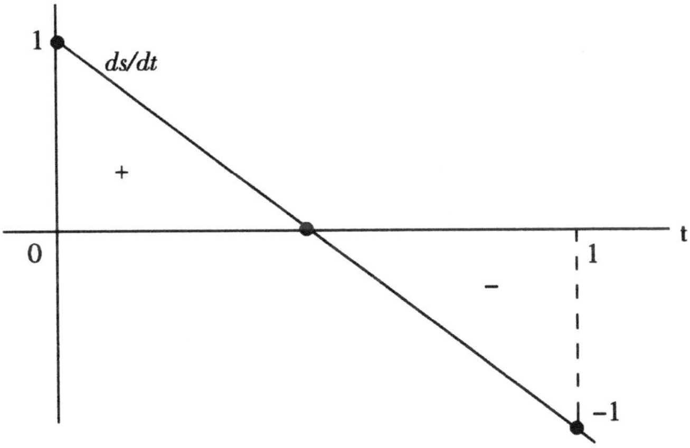

由图可见，人的灵性与寿命成反比，年龄愈大，灵性愈小，钝性愈大。这个事实与生命的实际情况是一致的。亦由此可以看出，欲得高灵性，必须重视静修、净心（修持、修炼、修行）。

谈到静修，在佛学史上曾有不同的见解，认为修道在心，不在静坐（指静修）。典型的例子是唐代的南北二宗。南宗主张当下顿悟，代表人物是惠能。惠能言，“我于忍（弘忍，禅宗第五代祖师）和尚处，一闻言下大悟，顿见真如本性，是故将此法流行后代，令学道者顿悟菩提（觉悟），令自本性顿悟”。

惠能听到什么而当下大悟呢？据《坛经》记载，弘忍给惠能讲解《金刚经》，讲到“应无所住，而生其心”（注：应无所住是指净心，亦可称为“定”，而生其心是指清净的心识，亦即“慧”，本文称为灵知、灵觉）时，惠能大悟。惠能向弘忍说：“一切万法，不离自性；何期（没想到）自性本自清净；何期自性本自具足；何期自性本不动摇；何期自性本不生灭；何期自性能生万法。”弘忍听后，认为惠能已启佛性（灵性），便将袈裟传授给他，惠能成为中国禅宗第六代祖师，后来称为南宗。南宗主修道在心，不在静坐，上根之人当下顿悟，立至佛地。惠能的名言是：“悟，众生是佛；迷，佛是众生。”这一派的见解，从唐以后，在中国佛门中居于首位。

相对立的一派是北宗，代表人物是神秀，主张静坐渐修，简称静修。其修习十六字诀“凝心入定，住心看净，起心外照，摄心内证”。

南宗亦称为“顿悟派”，北宗则称“渐修派”。从历史演变观之，顿悟多出自灵性甚高、上根之人，渐修渐悟适于灵性一般的下根之人。

从灵性的数理表达来看

灵性 $ds/dt = 1 - 2t$

$= 1 - 2b$

t 为寿命，即年龄

b 为阳分

当人处于阳分（b）甚高之时，亦即俗言烦恼甚炽，火气上炎，则上式可改写为：

$$ds/dt = 1 - 2(t + \Delta t)$$

t 为一个人当时的年龄，可以认为是不变的。

Δt 为增加值

表示由心火而引致的年龄的增加量，Δt 愈大，表示心火愈炽。伍子胥过关一夜愁白了须发，即属此例，意味他的生理时钟加速运转，自然时钟仅运转了一夜，而伍子胥的生理时钟却运转了若干年。

反之，当 Δt 为负数时，则为减少值表示烦恼减少，清净上升，《易经》语言，阳分（b）下降，阴分（a）上升。此时：

灵性　　$ds/dt = 1 - 2(t - \Delta t)$

当　　$t - \Delta t \approx 0$ 时

则　　$ds/dt \approx 1$

意味其人的灵性已接近最高，佛家称此为佛性出现。以惠能言下大悟来看，完全是可能的。换言之，t 虽然是不变的，但 Δt 是变化的，它可以双向变化。

Δt 为正　　阳分上升，心烦

Δt 为负　　阴分上升，心净

Δt 正向或反向变化的速度极高时，这样的人属上根之性，灵性甚高，对于外来的激发信息，反应灵敏，天然属于顿悟类型。

反之，Δt 虽然可以双向变化，但变化的速度极低，亦即对外来的激发信息，反应迟钝，灵性甚低，俗言木气，这样的人则是下根之性，天然地属于渐修的类型。

从《易经》的阴阳观言，南北二宗均属自然本性，上根之人灵敏，下根之人迟钝，均为天性。由此而形成的修习派别，各有其理，皆自然存在。惠能的语言是，“法无顿渐，人有迟疾”。

智慧二字有两层涵义，系一阴一阳，智为有为而达之结果，如观察、思虑、分析……形成心计。总的说来，是使用眼耳鼻舌身意六官，可称之为“阳”，佛家简为“智门照有”。“慧”是无为而达的结果，可称之为“阴”，佛家亦简为“慧门鉴空”。佛家有言，定为慧之体，慧为定之用。更加形象

的说法是，定是灯，慧是光。一般的物理之光，遇障可遮，而这种光无境不照。言之为光，实则为场，为觉性之场。

在知识阶层里，许多人不知禅是什么，也不懂佛学、道学，但知道创造必须依靠智慧，至于智慧又是什么，常说不清楚，多凭经验而行。而在佛学道学方面，虽以宗教面目出现，但对智慧问题涉猎广而且深，是人类精神方面至为珍贵的部分。比如佛家认为，“无禅不慧”，“定慧并生”，智为分别之产物，慧为无分别之产物，所见极是。义理则认为，智与慧是阴阳关系，为叙述方便，假定：慧为阴，以 a 代表；智为阳，以 b 代表，依前述，二者必成 $a+b=1$ 的关系，阴阳互相转化：

当 $a=1$，$b=0$ 时，意味着把分别、有为降到最低，则无分别、无为，亦即慧、灵性可升到最高，禅修的实践经验即是如此。

当 $a=0$，$b=1$ 时，意味着把无分别、无为全部转化成智、分别、有为。

现代语言，慧为信息之源，灵性愈高，感受的信息量愈大。把这些信息梳理、加工就是智。《易经》语言，从慧转化成智，是阴转化为阳，是自然的规律，因此，可以说，禅修、净心是致慧的方法，是通向智慧的路。

智与慧是一件事物的两个方面，笼统地说智慧，常常引起混淆，但不失为一种简法。大觉大悟、大智大慧，名为二词，实为一事。觉偏外，悟偏内；同样，慧偏外，智偏内。《易经》语言，是一阴一阳，合而成为一事。大智大慧乃指外与内的交感量大，或言觉性与理性的交感量大。大与小是相比而言，因为灵性最高是 1，而 1 是相对量。因此，在趋大的方向上没有止境。欲得大智大慧，必须先得高觉性，而后转化之，得高理性。什么是高觉性？现代科学语言，是取得信息，取得有用的信息，而且有用的信息量要大。《孙子兵法》有句话，“知己知彼，百战不殆”。“知己知彼”就是取得信息，取得大量有用的信息，而后转化为理性的决策，取得战争胜利，这就是大智大慧。佛家也有句话“觉行圆满”，是指修行到高层，其觉性甚灵，可以获取足够的信息，且悟性极强，行动处事圆满无漏，即是大智大慧。

由此可见，觉性甚是重要。觉性、灵性、慧……均指直觉，直取信息，瞬间捕捉，好的信息、坏的信息通通收之，而后再加以分析、处理、判断、行动。这种从觉性转化为理性的过程快慢不一，须视事物的复杂与否。在一般生活中，人们常言，三思而后行，意味着转化的速度慢。而觉性高超者，则觉即真，行即正，觉行圆满，意味着转化速度快，俗言就是当机立断。这是就思维过程而言，不是指事物的实践过程，例如一个复杂的科学实验，往往要经过相当长的时间才能验证其理论认识是否正确。

《易经》术语阴阳，其本义是表示相对（相反）而又相补的两个因素，哲学习惯称为对立而统一的两个方面。对立有打斗之意，一对夫妻亦是阴阳关系，但二者并不打斗，称相对较好，表示二者不同、相反。

阴阳本具广义、相对、动态的涵义，对于具体事物其涵义则具体化。例如在禅修中杂念多，意味着人心中的阳分高，t 值大，灵性必低，欲进入高层禅境，则难。所以中国佛教禅宗第六代祖师（亦称六祖）惠能提出“无念、无相、无住”的修习准则。“无念”是主观意念不出，“无相”是客观形象不入，“无住”是不留恋任何对象。三无的核心是“无念”，《易经》语言，就是降阳，降阳的生理效果前已述及，不再赘言。

三无的修习准则在老子《道德经》中则用无为加以概括。无为与有为又是阴阳的两个方面，二者不可或缺，又不可偏废，否则，就会出现孤阴不生，独阳不长。由此可见，为学为事，应内求外求并重，内求是修心养性，提高主观灵性，外求则是进入客观实践，提高认识水平。内求属先天本性，生而知之；外求则属后天本性，学而知之。最终的目的是认识，或称唯识。唯识不囿于任何框框、限制，既不约于唯心，也不制于唯物，以实相实证为是。

随着时间的延伸，知识量是不断增加的，但智慧的高度却不与时间成正比。《易经》是智慧，佛学也是智慧。《易经》符号出世约在九千年前，佛学的缘起性空出世也在两千五百年前，至今尚未有超过者。所以，知识与智慧相比，后者更为根本，靠知识可以继承过去，靠智慧才能创造未来。

由前述可知，慧是灵性，众生皆有灵性，而人是众生中灵性最高者，故人身可贵。如何致慧？佛家认为，定能生慧，无禅不慧，禅慧并生，一切无漏（完满）慧，皆从禅定生。“无漏”的涵义是没有烦恼，一片清净。“禅定”一词，常误为静坐，对此中国佛教禅宗第六代祖师惠能下了一个很好的定义，“外不着相为禅，内不动心为定”，此与道家的无为是一致的。由此可知，禅定是致慧的方法。

十　认识不全

《易经》思维认为，宇宙中万事万物皆在变化之中，变化是事物的本质，把握了变化也就统御了一切。变化的核心是阴阳，阴阳双方的变化就造成了事物的变化。所以，把握阴阳为上上之法。在人的认识领域，存在两种认识能力，一是觉性，即直觉、具象、体验，最后形成形象思维，艺术门多用之；二是理性，即抽象（意象）、推理、实验，最后形成抽象思维，科学门多用之。以《易经》思维言，觉性属阴，理性属阳，觉性与理性的交合形成思维，交合量的最大值就是灵感。因此，《易》重交合，小合小灵，中合中灵，大合大灵，不合不灵。同时，义理也认为，事物分出阴阳两仪之后，阴阳的正常变化是由阴转化为阳，比如认识，是先有觉性的体验，才能悟出理性的规律。由于

灵性　$ds/dt = 1 - 2t$

可以改写成　$ds/dt = 1 - 2b$

表明，人体内的阳分（b）愈高，灵性愈低，亦即觉性愈差。这个事实，在静功有素者身上，在禅修过程中，均可体验到。为了提高人的认识能力，首先要提高灵性，由前述可知

$$\text{当}\quad t=0\quad\text{时}$$

$$\text{灵性}\quad ds/dt=(ds/dt)_{max}$$

换言之，阳分（b）降到0时，人的灵性最高，人的感受能力最强，可以获得最大量的信息，但是此时

$$\text{生命}\quad s=0$$

亦即退到生命开始的时刻，这时人将死去，灵性再高，已无意义。从这一点，可以引申出另一问题，即认知悖论，人的灵性最高的时候，也就是人将归西的瞬间。希腊哲人苏格拉底亦认识及此，他说，纯知、智慧得于死后，不在生前；又说，没有习死的功夫，难以谈论人生。佛家则用另一方式来表达，言，清净极，无等慧。清净到极点亦是死，无等慧则是智慧之高无法以等级衡量，通俗一点的表达则是，凡有所执，皆不见真。其意是，人只要有执著，灵性绝不会升至高处。由此可引申出一个结论，人欲穷尽客观宇宙，从理论言，是不可能的，或言，任何人无论多么高明，也不可能成为绝对的圣人。人的认识都是相对的、不全的。人类的历史事实也表明，人类的认识是渐进的，从未出现过一个人独占的、完全的、绝对的、永恒的见解。

这个结论是从《易经》思维引出的，表明《易经》作为人类的智慧，也不是封顶的。

由于单个人的认识都是不全的，遂即提出问题，众多的人将其认识叠

加，是否可以得到完全的认识？回答也是否定的，理由如下：

$$\text{由于} \quad ds_1/dt < 1$$

$$ds_2/dt < 1$$

$$ds_3/dt < 1$$

$$\cdots\cdots$$

$$ds_n/dt < 1$$

ds/dt 表示灵性，可以代表感受到的信息量，

将众多人感受到的信息量叠加：

$$ds_1/dt + ds_2/dt + ds_3/dt + \cdots\cdots + ds_n/dt = \sum_{i=1}^{\infty} \frac{ds_i}{dt}$$

由于宇宙的信息是无限大（∞）的，

所以

$$\sum_{i=1}^{\infty} ds_i/dt < \infty$$

亦即众多人所感受到的信息量的总和小于宇宙的信息量，更何况人所感受到的信息尚不可能完全转化为理性信息，有相当部分仍滞留在感觉阶段，成为人们的体验、经验，而不能上升为规律性、理论性的认识，随着人体的消亡，经验的东西亦随之消亡，所以，主观欲穷尽客观，是永远不可能的。由此提示，人们无论从事何种行业，成绩再大，亦永远不能登上顶峰。这一点在物理学历史上亦有经验，物理发展到牛顿阶段，许多学者认为物理大厦已经建成，后人已无可作为，但爱因斯坦相对论的出世，打破了局面。

《易经》思维提示，对于万事万物不可绝对化，不可盛气凌人，谦虚永久，骄傲不常，谦受益，满招损。人类的认识不全和相对性是永恒的。

十一　智慧与善恶

这里是从智慧的角度讨论善恶，人们通常的感受是，为善心安，为恶心戚（不安）。由前述可知，定（安心）能生慧，心染则否。因此可知，善通智慧，恶通愚痴。儒家认为，“大学（学深）之道在明明德，在亲民，在止于至善”；“知止而后能定，定而后能静，静而后能安，安而后能虑，虑而后能得”。

明德是指生而具有的灵性，相当于佛家所说的佛性，明明德是要把本有的灵性发挥出来。发挥的方法是定→静→安→虑→得，亦即定能生慧。

从智慧言，心净，可达高慧。这种心灵状态，佛家称为“定”、“清净心”、“涅槃”。“定”的涵义是，精神既不昏沉（昏昏欲睡），又不散乱（胡思乱想），而是处于安静平和的状态。这时，身心远离爱、欲、乐、悲……一切的分别，安而静（净），没有丝毫的纷乱。在这种状态下，将心灵观照集于某一境界，渐而产生一种无上圆满的灵觉，这就是慧。“涅槃”是梵语，是佛家术语，其本义是“圆寂”。“圆”，指智慧圆满；“寂”，指分别寂灭，总的意思与定相似。涅槃境界与道家的无为而无不为一致，无为是把一切分别灭尽，无不为则是智慧无上，圆满无漏。这种境界很难达到，佛家认为唯圣者能知，非常人经验所能测度。儒家认为，道，非感官所能及，唯有修心，而且指出，善修者，师心不师圣。

分别是相对的涵义，阴阳是相对，善恶是相对，上下，左右，前后……均是相对，从智慧无上圆满的角度言，心有相对则不可能；反之，心无相对，心无善恶，才能导向无上智慧。心无善恶，亦即不善不恶，善恶泯灭，心平如水，这是智慧的前提。所以，欲达高慧，必须在心灵的层次上达到非善非恶，善恶泯灭。

智慧是思维的高级层次，也是佛学的核心，佛学教导人们在行为上要众善奉行，诸恶不为，在心灵上要不执善不执恶，非善非恶，才能发慧。有心为善，虽善不赏；无心为恶，虽恶不罚。有心，就是在心灵的层次上执著于善，存善，思善，心上有执，难致高慧。反之，常存恶思、恶念，亦是心上有执，也难致高慧，因而提出“平常心是道”。所谓平常心就是心平如水的心态，既不执于善，又不执于恶。但在实际行动上却是要求有善必行，在心灵上则要求行善不计，清净无执，这是修心养性以至智慧的必由之路。例如在实际生活中，遇人落水，救之，救后留名，是有心，有心为善不值得称道。反之，以平常心对之，救人是当时情景所必需，救后心中不留丝毫痕迹，这就是在行上利他，在心上清净，佛家称为自净其意，是修心的正途，也是智慧的大道。

慧是觉性，修心可以达大觉大悟，自身达到了大觉大悟、大智大慧，完善了自我，而不致用，还属下乘。进而以自身的觉性去济世致用，方为上乘。中国文化重利他，慧而致用，造福天下，不重自我圆满、独善其身。佛家称此为，入涅槃而出涅槃，意义相同。

修心方面，佛家的六度修行甚为高超，六度是：1. 持戒，2. 布施，3. 忍耐，4. 精进，5. 禅定，6. 智慧。“持戒”是行为正，不能花天酒地，胡作非为。“布施”的核心是舍，舍有两个方面。一是物质上的舍，二是精神上的舍，而且持平常心，舍而不计。“忍耐”和“精进”是难忍能忍，难进能进，坚忍不拔，勇往直前。“禅定”与“智慧”是定能生慧，禅定的内涵是泯灭一切分别，达到心境清净，最后导致灵觉，智慧。

《易经》思维以阴阳定论，一阴一阳之谓道，这里的道是理法、规律。佛家修行的最高层次是禅定智慧，道家修行的最高层次是无为而无不为，儒家修行的最高层次是极高明而道中庸。

中庸是中道，儒家在这里言中庸有两层涵义：一层是日常生活，中道是事物运动阴阳平衡的最佳状态，应把握之。再一层是极高明而致用的方法，亦应掌握中道。在这一点上，佛家阐述较多，诸如："恰恰用心时，恰恰无心用"、"念而无念，无念而念；无念不空，有念不实"。亦即慧不离定，定不离慧，定慧不二。从《易经》角度言，则是阴阳不二。

定能生慧，必须超越分别，达无分别；超越阴阳，达无阴阳。或言居于中位，不阴不阳，亦属中道。因此，佛法有中道法门之称。

从《易经》的阴阳思维观之，中道是阴阳平衡无阴无阳的一种状态，在日常生活中，则是以平常心来体现。

智慧，人生最为第一。人为万物之灵，亦在于此。慧为灵性，为觉性，致慧的过程是灵化的过程，是提高觉性的过程。欲提高灵觉，必须在行的层次上众善奉行，在心的层次上自净其意。严格言之，智慧是出世间层次。善恶是世间层次，所以，欲达大智大慧，必须超越阴阳，跳出善恶。

十二　中医的天人相应

《易经》的核心是阴阳，阴阳学说是中国历来的哲学思想，其来源是仰观于天，俯察于地，近取诸身，远取诸物，用宏观的观察和研究总结出来的。认为宇宙、世间、人生的一切，其规律出自阴阳的相对变化。法于阴阳，和于术数。法是规律，和是指事情做得好，术是方法，数是分寸。其意是，一切事物，皆出于阴阳的变化，欲使事物处于最佳状态，要依方法是否得当以及分寸掌握是否合适而定。若从阴阳双方来看事物，阴阳和则生，阴阳离则灭，阴阳错则变，阴阳平则佳，把握阴阳则统御整体。

《易经》思维在中医学中体现得很系统也很深刻，中医理论明确提出，阴阳平衡，精神乃治，阴阳离决，精气乃绝；孤阴不生，独阳不长；医之道，不离阴阳；生之本，本于阴阳；阴成形，阳化气……

按照中医的思想脉络，阴阳是指既相反又相成（补）的双方，其涵义是相反（对）的、动态的、广义的。对于具体事物其涵义则具体化，例如生命，中医认为“阴成形，阳化气”。这里的阴是指物质身体，有形可见，阳则指功能和能量的消散，无形可察，而成为气。古人认为气不可见，仍沿用此字，气的本质应该是能量。中医学的这种思想是从实践中来的，与当代的哲学命题——物质是能量存在的形式，相一致。

根据中医理论，人体的阴阳，可用数理的方法定性定量地表达出来：

$$\text{阴}\quad a = 1 - t$$
$$\text{阳}\quad b = t$$

此处 t 表示时间，亦即人的年龄、寿命。这两个表达式的来历，可见前述。

由上式可以看出，动阳则损阴，由于功能来源于物质身体，所以，过劳必伤身，此属一般常识。为了直观，将上列数理表达绘成几何图像：

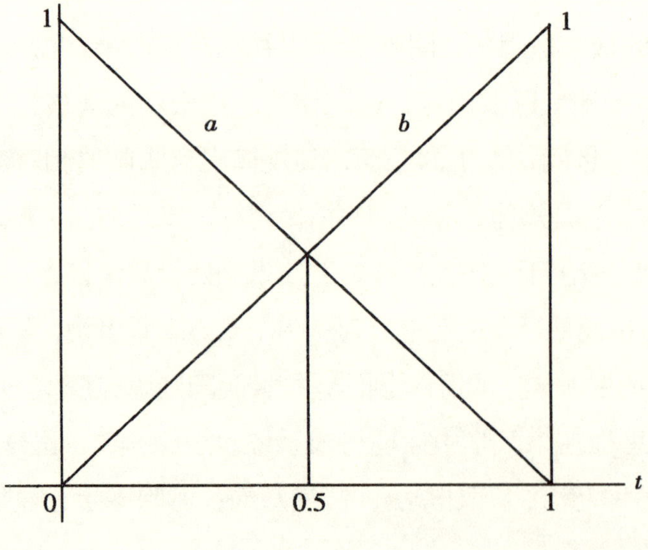

由图看出，阴分 a 随着年龄的增加而降低，阳分 b 则随着年龄的增加而升高，在一生之中，阴阳只平衡一次，时间恰在中年，即 $t=0.5$。在其余的年龄区段，阴阳均是不平衡的，而且是由阴转化为阳，一旦转化完了，生命即告结束，这是阴阳变化的基本规律。古代哲学家老子曾言："反者道之动。"这里的道是规律，意思是说，向相反的方向转化，是事物的规律，今日温之，仍为至理名言。

中医理论也认为，"人生有形，不离阴阳"。用现代科学语言来说，人的生命是阴阳双方的交合作用，其数理表达就是：

$$
\begin{aligned}
\text{生命}\qquad s &= a\times b\\
&=(1-t)\times t\\
&=t-t^2
\end{aligned}
$$

可见，生命（力）与时间也发生了关系，或言生命（力）也是时间的函数。为了有形象感觉也将此数理表达绘成几何图像：

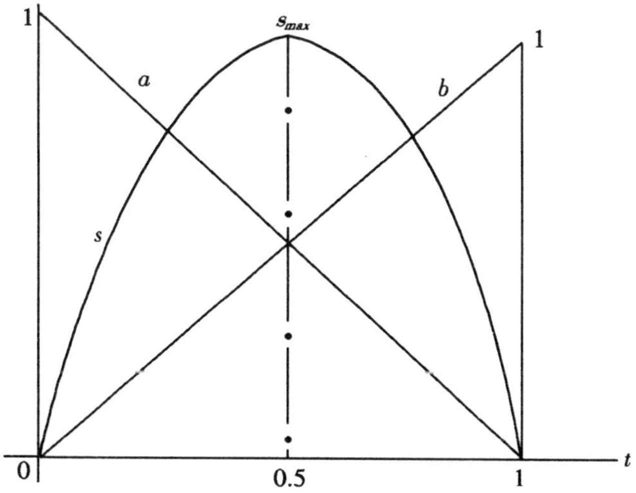

由图看出，生命（力）的运动轨迹系一抛物线，有一个顶点 s_{max}，还有两个 0 点。第一个是原点表示生命（力）的开始，第二个是终点意味着生命（力）的结束。因为生命由阴阳而来，此图是将阴、阳和生命（力）在一生中的变化画在一起了，亦由此得出：

1） $t = 0$

$s = 0$

是生命开始之时

此时，阴分 $a = 1$

阳分 $b = 0$

2） $0 < t < 0.5$

$0 < s < s_{max}$

是生命生长之时期

此时，阴分 $a < 1$

阳分 $b < 1$

但 $a > b$

3） $t = 0.5$

$s = s_{max}$

是生命的高峰

此时，$a = b$

亦即阴阳平衡，精神乃治。

4） $0.5 < t < 1$

$s < s_{max}$

$s > 0$

是生命衰落时期

此时，阴分 $a < 1$

阳分 $b < 1$

但 $a < b$

5） $t = 1$

$s = 0$

是生命结束之时

此时，阴分 $a = 0$

阳分 $b = 1$

亦即阴阳离决，精气乃绝。

阴阳平衡，精神乃治，阴阳离决，精气乃绝，从义理观之，是不难理解的。

由上述也可得出，生死同一，或言生死同原，因为在这两种情况下，生命（力）均等于0。当阴阳双方向会聚的方向发展，生命（力）s 上升。阴阳双方向离决的方向发展，生命（力）s 就下降。

由于生命（力）s 的曲线左右是对称的，起始的阶段是婴幼时期，下降终了的阶段则是垂暮老年。因为这两个阶段的功能（s）相似，所以，老年犹如儿童，儿童犹如老年，皆需他人照顾，民间对老年人有“老小孩”之说，其言不虚。民间也有“少年不努力，老大徒伤悲”，其言也实。

按照阴阳的观点，空间环境也有阴阳之分，在极阳的空间环境，例如火中，人不能生存。反之，在极阴的空间环境，比如水中，人也不能生存。人若能够生存，其空间环境必须水火相济，或言，只有在阴阳相兼的空间环境中，人才能够生存。由此，可以从阴阳的观点对空间环境进行定性定量的分析：

设 k_1—表示空间环境中的阴性部分。

k_2—表示空间环境中的阳性部分。

ξ—表示空间环境与阴阳相关的因数。

由此，k_1、k_2 的数理表达可写出如下：

$$k_1 = 1 - \xi$$

$$k_2 = 1 + \xi$$

ξ 的数值范围为 $-1 < \xi < 1$

将 k_1、k_2 的数理表达绘成几何图像：

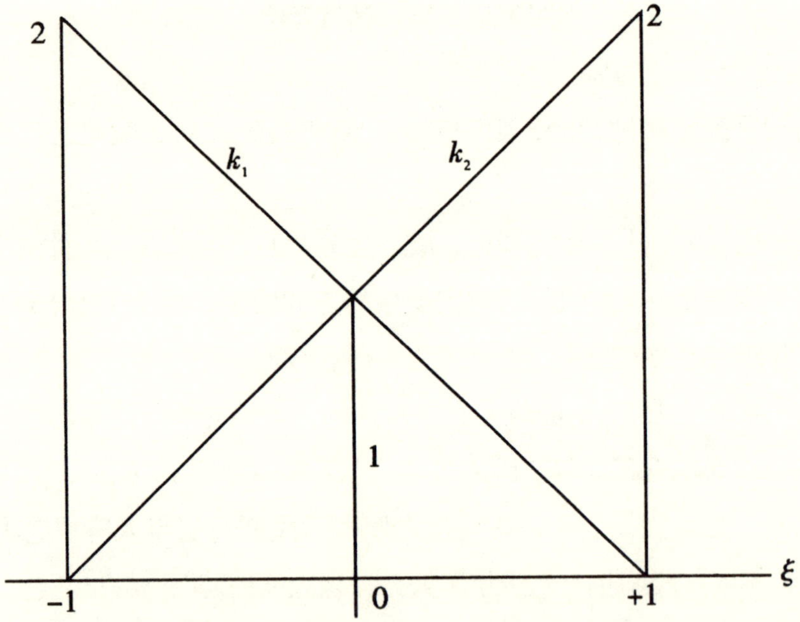

由图可以看出：

当 $-1 < \xi < +1$

空间环境是阴阳相兼的，可以出现生命。由此得出，能够出现生命的空间环境，用数理表达，就是：

$$k_1 \times k_2 = (1 - \xi) \times (1 + \xi)$$
$$= 1 - \xi^2$$

此数理表达的几何图像为：

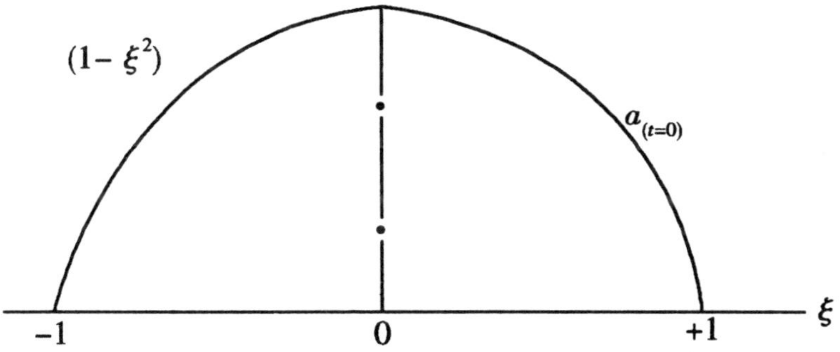

由图看出，空间环境是变化的，有优有劣，出现生命的最佳空间环境是：

$$\xi = 0$$

即空间环境的阴阳平衡，亦即

是 $k_1 \times k_2 = 1$

$= a_{(t=0)}$

$a_{(t=0)}$ 是 $t = 0$ 时人体中的阴分，这种状态下阴分最大。

当 $\xi \neq 0$ 而处于

$-1 < \xi < +1$ 的范围内，

但 $t = 0$

则人体中的阴分为：

$$a_{(t=0)} = 1 - \xi^2$$

不难看出，在这种情况下，阴分减小了，所以，人体之阴分 a 与空间环境有关，而且来源于空间环境，这就是人之地域性的来源。在实际生活中常见到南方人与北方人不同，高原人与海边人有异，究其因，即出于此。

由前述，人体之阴分 a 的一般数理表达应为：

$$a = (1 - \xi^2) - t$$

阳分仍为 $b = t$

当 $a = 0$ 时，人的生命结束，

所以 $t = 1 - \xi^2$

可见，当空间环境中的阴阳不完全平衡时，人的寿命将减小。

至此可知，生命（力）不仅与时间有关，而且与空间也有关。在这种情况下，人的生命（力）用数理表达可书写如下：

$$\begin{aligned} s &= a \times b \\ &= [(1 - \xi^2) - t] \times t \\ &= (1 - \xi^2)t - t^2 \end{aligned}$$

亦即人的生命运动应由时间和空间两个方面来描述，其运动轨迹呈现立体图像，绘之如下：

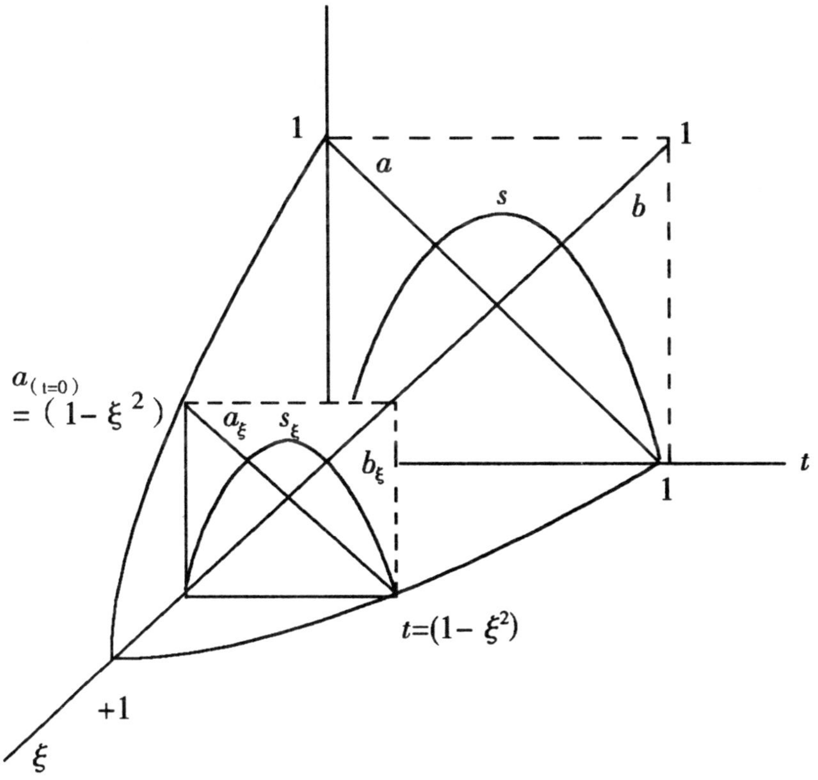

此图为 $0<\xi<1$ 的部分

$-1<\xi<0$ 的部分未绘出，这两部分是对称的。

由图可以看出，当 $\xi=0$ 时，空间环境中的阴阳是完全平衡的，在这种情况下，生命 s 的形态最大、寿命最长，$t=1$。

当 $\xi\neq 0$ 时，空间环境中的阴阳是不平衡的，生命 s 的形态将缩小，寿命也降低，$t=1-\xi^2$。由此可知，人的生命受时空制约，时空发生变化，生命必随之变化。亦由此可知，中医学的天人相应学说是合乎实际的，正确的。现代宇航领域中的太空症，其起因也在于此，例如飞船突然升空，宇航员会出现“红视”现象，视一切皆红化。其原因在于，从$\xi = 0$的地表，突移呈$\xi = 1$的太空，空间环境即从阴阳平衡突变至阴弱阳盛的状态，气血上涌。科学语言是从地心引力正常突变至引力接近于0的环境，一切皆上浮。反之，飞船从太空突降至地表，宇航员会出现“黑视”现象，其原因正好与上升相反，亦即从阴弱阳盛突变至阴阳平衡的状态，气血下沉。即使张目也不见物。

由前述，人体的阴分

$$a = (1 - \xi^2) - t$$

阴分a与时间t相关，也与空间环境ξ相关。

当　$t = 0$时

$$a = 1 - \xi^2$$

表明，人体的阴分是由空间环境决定的，或言，生命（力）这个功能现象是由人体承载，却是由空间环境所造成。一旦男女相媾形成生命，时间t这个因素即自然地参与并发生作用，将阴分逐渐转化成阳分，也就是把空间转化成时间。中医理论“阴为体，阳为用”，“阴成形，阳化气”，就是这个道理。人体的阴分a既随时间变化，又随空间变化，三者的相互关系可用时空立体模型表示如下：

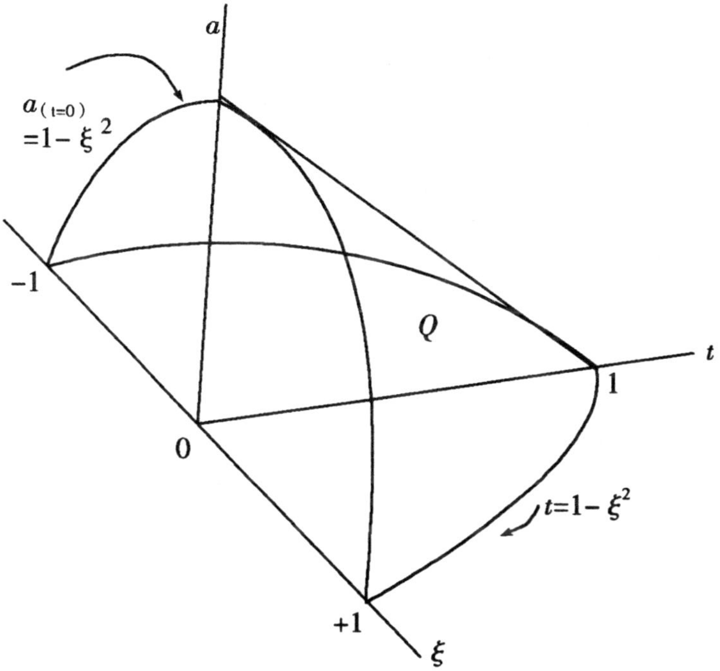

由图看出：

$$-1<\xi<+1$$
$$0<t<1$$

在这个范围之内，阴分 a 的变化轨迹总是落在曲面 Q 的上面。由此提示，生命出现的可能性只能在一定的时空之内，换言之，茫茫宇宙，浩渺无垠，只在某一合适的局部才有出现生命的可能。

因为人体的阴分

$$a=(1-\xi^2)-t$$

阳分　$b=t$

当　　　　　　　　　　　$t = 0$　时

$$b = 0$$

所以　　　　　　　　　　$a = 1 - \xi^2$

当阴分 a 完全转化为阳分 b 时，就完成了整个的生命周期，此时

$$\begin{aligned} a &= 0 \\ &= t \\ &= 1 - \xi^2 \end{aligned}$$

可见，生命的周期（寿命）不是无限的，而是受空间环境制约的。人的生命，究其本质乃是物质和能量之间的相互运动，来源于宇宙。当生命结束，构成生命的物质化成能量，又回归宇宙，永恒存在。是故，“阴成形，阳化气”，中医理论的“气化论”，其本原为此。

时间是生命变化的标志，欲控制生命的变化，必须控制时间，反映在人体中，则必须控制阳分 b。由阴分 $a = (1 - \xi^2) - t$ 来看，如果 t 的增长速度极小，则由 a 转化为 b 所需的时间就需要极长，反映到人体，即可起到长寿的效果。

如果能保持 $0 \neq b \to 0$，生命的周期将延长为常人的若干倍，反之，一个人极度焦灼不安，其阳分 b 升高剧烈，亦即 t 的增长速度极大，由 $a = (1 - \xi^2) - t$ 可知，阴分 a 将迅速下降，导致早衰或夭亡。一个人如果经常泰然达观，不执有，不执无，保持平常心，其阳分 b 增长极慢，气化速度降低，则此人长寿。

人体生命为何衰老？其原因何在？这是个至今未获解决的问题。从义理观之，世间万事万物皆是变化的。变化这个事实，尚非人力所能改变。前面在静功养生中谈到，用修持的方法可以使生理时间倒退，这是人力所为，但

终究不能改变自然之力。人到暮年普遍的现象是肾虚，腿软，最后不能自立，其原因是阴虚所致，所以欲推迟衰老，静功养生不失为良法之一。

阳分 b 的变化与时间相关，与空间也相关，其综合的变化规律可用立体图像表示如下：

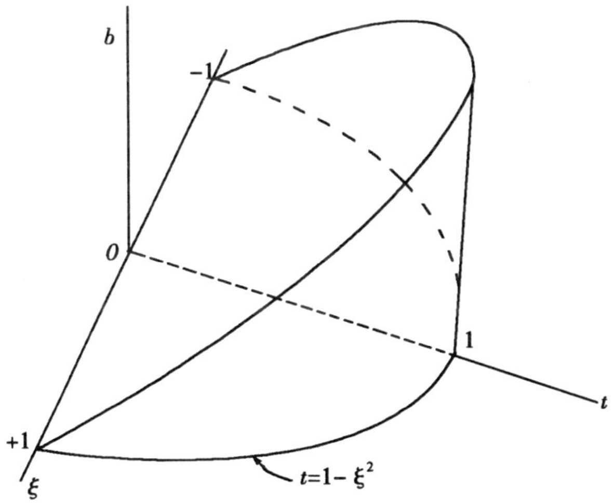

由图可以看出，生命的周期与时间相关，欲延寿，注意阳分 b 的升降是一个方面，这是时间方面；注意空间环境的状态是另一方面，可称空间方面，因为

$$\text{欲使}\quad t = t_{max} = 1$$

$$\text{必须}\quad \xi = 0$$

亦即，欲长寿，除控制阳分 b 的升降之外，还须空间环境的阴阳双方完全平衡，方有可能。

生命本于阴阳，而阴与阳均受时间和空间的制约，于是生命也必受时间和空间的制约。由前述，生命（力）的时空数理关系是：

$$s = (1 - \xi^2)\,t - t^2$$

绘出其图像将是立体的：

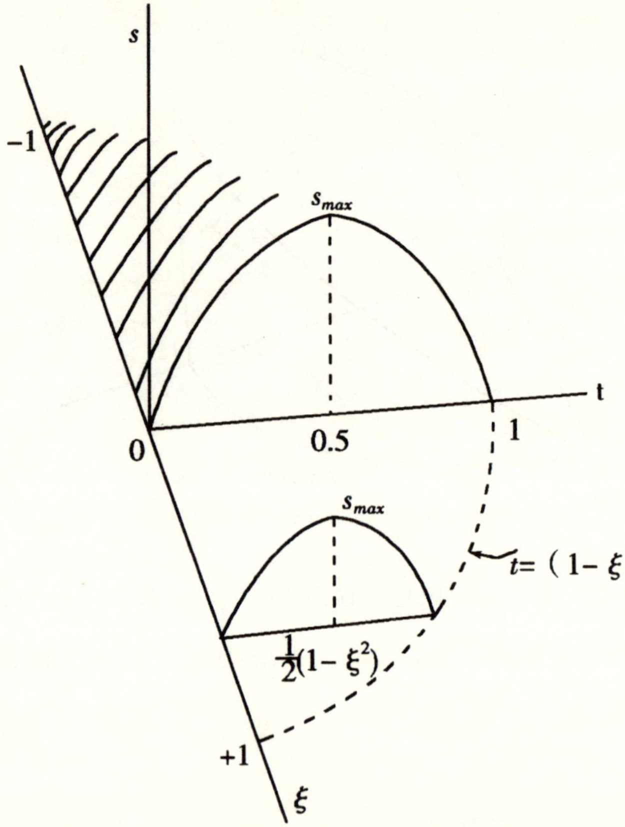

由图看出，人的生命（力）s 是随时间和空间的变化而变化的。

就时间而言，生命（力）的最高点 s_{max} 出现在中年，亦即阴阳平衡的瞬间，是一生中的最佳状态，这一点可称为时间中道。当空间环境的阴阳完全平衡时：

$$亦即\qquad \xi = 0$$

$$s = s_{max}$$

出现在 $t = 0.5$

此时寿命

$$t = t_{max}$$

$$= 1$$

这种空间状态下的生命（力）形态最大，寿命也最长，可称为空间中道。

当空间环境的阴阳不平衡时，亦即

$$\xi \neq 0$$

$$s = s_{max}$$

出现在

$$t = \frac{1}{2}(1 - \xi^2)$$

此时寿命

$$t = 1 - \xi^2$$

$$< 1$$

这种状态下生命（力）的形态变小，寿命也降低。由此可知，中医理论天人相应是非常正确的。

十三 《易》与行为科学

20 世纪 20 年代，在美国出现了一门新的学科，称为行为科学，至今有80年的历史，已流行于全世界。二次世界大战后，日本吸收了这门学科，用于管理，非常成功。日本人自己说，他们用了“洋财和魂”。“洋财”，是指从西方引入行为科学发了财；“和魂”，是保持本民族的精华。总览这门学科，就会发现，行为科学来自国外，深究之，这门学科的理论、思想，源于《易经》。

管理科学的中心是人的管理，将人的行为及其规律独立出来成为一门学科，可以看出管理科学发展的趋势。行为科学作为一门学问，其研究对象是工作人员行为的发生和变化及其规律性，旨在引导工作者发挥其主动性和创造性，在从业中做出最大的业绩。关于这门学问，国外尚处于经验、实验的阶段，取得了相当的成果，尚未达到完善的理论水平。

按照《易经》(国外称易学)的观点，物质与能量呈现阴阳的关系，物质属阴，有形可见，能量属阳，无形可察，二者既相依又相对，既相反又相成。

人生于自然环境中，同时也存在于社会环境内，二者相参而作用。约言之，人与自然环境的关系是物质和能量的交换，人与社会的关系则是物质和精神的交换。从生理学和物理学可以知道，能量与精神同类，物质与身(肉)体同属，均可以阴阳来概括。

设a代表阴，b代表阳

则二者必然呈现如下的关系：

$$a+b=1$$

当$a=1$时，$b=0$

或$a=0$时，$b=1$

这是阴与阳绝对对立的情况。

$$a=1,\ b=0$$

表示能量完全转化为物质。

$a=0$，$b=1$

则表示物质完全转化为能量。

$a+b=1$

是物质与能量并存，身（肉）体与精神同在。

在自然界中，物质与能量的转化关系，现代

物理学已经证实，呈现：

$E=mc^2$

E —能量

m—物质

c —光速

在社会环境中，物质与能量的转化关系就变为身（肉）体与精神关系了。名词不同，实质则一。在自然与社会合参的环境中，人存于其中，转换之，亦可易为阴与阳的转化关系。

心理学的研究揭示：

需要→动机→行为

行为是为了某种需要而产生的活动或行动，具有目的性。一旦达到目的，这个行动过程就告一段落，再为新的需要产生下一个行动。

活动始于人，始于有活力的人。一个死人，没有活力，行动也无以发生。所以，研究人的行为首先应研究人的活力及其规律。儿童有儿童的活力，老年人有老年人的活力，壮年人有壮年人的活力，皆不相同。行为者，从其量值观之，不同年龄的人是不同的。因此，必须研究不同年龄的人其活力的变化，或称生命力的变化。

生命力这个问题很复杂，层层叠叠，千头万绪，就事论事，难寻端倪。

采用抽象化的研究方法，即《易经》的方法，则较方便。归纳为两个变量，阴和阳，亦即物质和能量以及二者的相对运动。由于“医易同源”，按照中医学的理论思维，人的生命力可以用数理形式表达如下：

$$\text{生命力}\quad s = t - t^2$$

t—人的寿命，即年龄。

这个结果见前，详细从略。

不难看出，人的生命力是变化的，从生到死其变化规律呈现抛物线的轨迹，绘之如下：

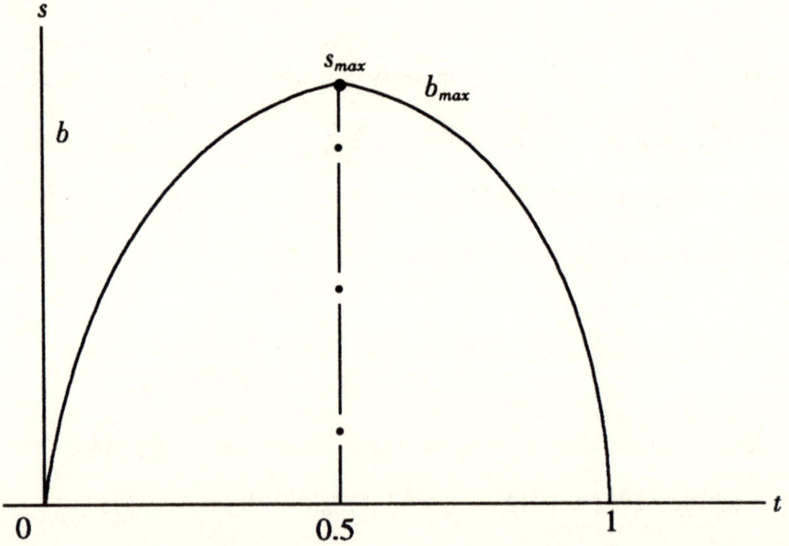

由图看出：

$t = 0$　为生之时

$t = 1$　为死之时

$t = 0.5$　为壮之时，人之壮恰在中年，人之一生中年最佳亦是经验事实。

$0 < t < 0.5$　的区间，是生命力上升的时期。

$0.5 < t < 1$　的区间，是生命力下降的时期，亦即衰老时期。由此得出，生命力生、灭、变化的规律，任何人逃不出这个规律的支配，这个规律不仅适用于人类，也适用于一切生物。

生命力是人从事活动（行为）的动力，动力大，行为可以大，动力小，行为必小，动力为 0，行为也自然为 0。一个死人，其生命力为 0，动力自然为 0，行为也必为 0。一个小孩或一个老人，生命力都很低，其行为不可能大。人之老小阶段，生命力均低，对社会贡献小或无。只在中间一段，才能有所作为。至此，从直觉可以判断，行为是动力的外在表现，二者相等，因此，可以写出：

$$\text{行为}\qquad b = s$$
$$= t - t^2$$

b 表示行为，取英文 behaviour（行为）的字首，behaviour 的涵义是有意识、有目标的行动，为此，亦将人的行为的变化规律绘于上图中。

行为是有意识、有目标的活动。意识有上下之分，目的有好坏之别，只要生命力具备，可以双向发展。换言之，可以向好的方向发展，也可以向坏的方向发展。因此，行为科学不排斥道德教育，为了吸引众多的人投入社会发展，行为科学提倡教化。

人的生命力与时间（寿命）有关，与空间也有关，综合之，可表达如下：

$$\text{生命力}\ s = (1 - \xi^2)\, t - t^2$$

t—时间，即人的寿命。

ξ—空间环境中阴阳对比状态的因数，其值处于一 $1<\xi<+1$ 之间。这个结果，前已述及，其细节不再重复。

$\xi=-1$ 时，表示只有阴而无阳。在自然环境是有水无火，在社会环境是有物质无精神，人不能生存。

$\xi=+1$ 时，表示只有阳而无阴。在自然环境是有火无水，在社会环境是有精神无物质，人也不能生存。

$\xi=0$ 时，表示阴阳平衡。在自然环境是水火相济，在社会环境是物质与精神和谐，人的生存状态最佳。

为了直观，将 $s=f(\xi,\ t)$ 的关系绘之如下：

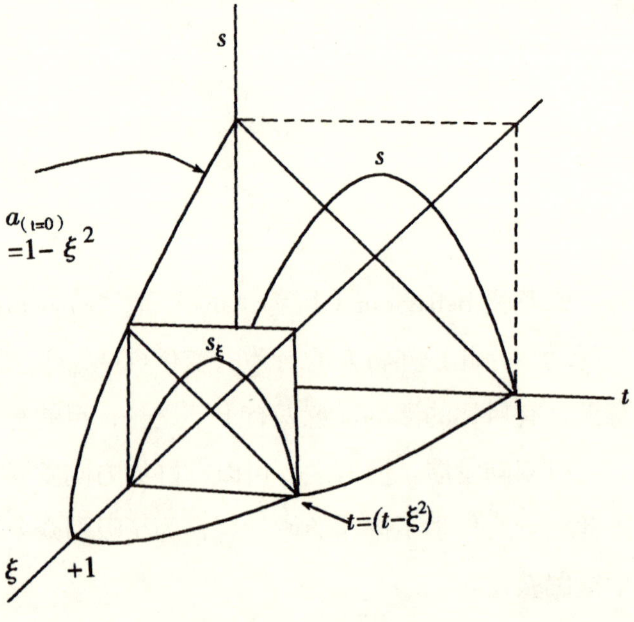

上图只绘出 $0<\xi<1$ 的部分，$-1<\xi<0$ 与此对称，未绘。

由图可以看出，$\xi=0$ 时，空间环境的阴阳完全平衡，从美学角度言，这是最美好的、最和谐的、最适于人的自然环境，利于生长。在社会环境中，这是物质生活与精神生活最为平衡、最为协调的空间环境，利于人的活动。在这样的综合环境中，人的生命形态最大，活力最旺盛，寿命也最长。

随着科学技术的进步，出现了恒温恒湿的调节装置，其目的在于调节工作和生活环境，使人的生命活力状态最佳，也随着人文学术的发展，出现了行为科学，其宗旨在于调节社会环境，使投入工作的人在物质生活与精神生活上能够臻于平衡，使行为的运行状态达到最佳，换言之，也就是使人的生命活力的外在表现——行为，发挥到最高。自然环境与社会环境综合构成一个统一的空间环境，人生存于其中，所以，人的生命规律受此空间环境的制约，相应的，人的行为也受此空间环境的制约，于是，人的行为规律可以表达如下：

$$b = (1 - \xi^2)\,t - t^2$$

其几何形象为一立体，为了直观，将其绘之如下：

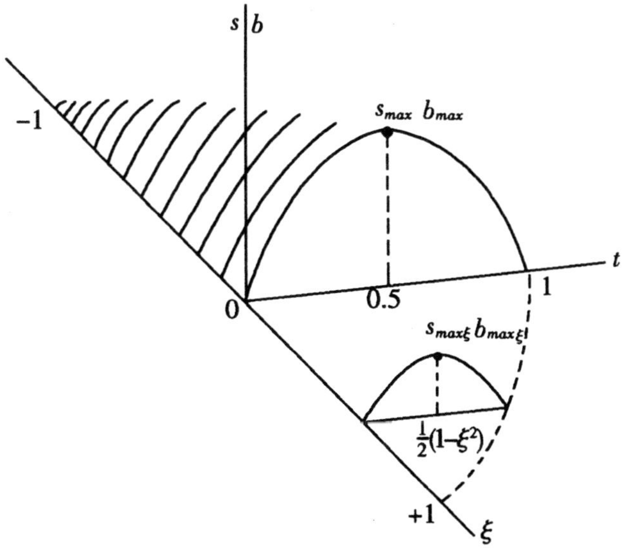

由图看出，如果空间环境不是完全平衡的状态，亦即$\xi \neq 0$，即使人的生理按生命规律达到了平衡状态，即处于中年高峰$t = \frac{1}{2}(1 - \xi^2)$，在这种情况下，亦不可能达到理想境界，而是：

$$s_{max_\xi} < s_{max}$$

$$b_{max_\xi} < b_{max}$$

所以，在自然空间环境与社会空间环境合参的空间环境中，欲调节人的行为使之达到最高，必须兼顾三个因素。一个是自然空间环境，调节之使其阴阳平衡，可用现代化的科技手段，例如恒温、恒湿，但只能局部调节，如小工作间，对整个生存环境施加调节是不可能的。这个问题，一般可以略去。第二个是社会空间环境，人为加以调节是可能的，调节的目标是使$\xi = 0$，亦即使人的物质生活与精神生活平衡。社会空间系众人所居之所，人分三六九等，参差不齐，如何调之，使每个人都处于或接近于$\xi = 0$的状态，是社会学的中心任务，也是行为科学的理想境界。第三个是人的年龄，中年时人的生理阴阳平衡，生命力最高，行为也可达最高，所以，社会管理尤其是现代化的社会管理，必须顾及。

为了使重点突出，着重对纯社会环境中人的行为加以讨论。

所谓纯社会环境，是把自然环境的因素理想化、简化，以便于把要研究的问题突出，这样做，就更加符合社会管理的实际。那么，纯社会环境中人的行为如何变化，其规律又是什么呢？国外学者也在研究，因为这是行为科学的核心。科学发展的标志是人的认识逐步深化，从经验上升到理论，从觉性上升到理性，而后返回来指导人们的实践，行为科学亦是如此。

20 世纪 30 年代迁居美国的德国社会心理学家 K. Lewin 提出了一个人类行为的公式，这个公式是：

$$a = f(p, e)$$

b—行为，*behaviour*

f—函数，*function*

p—人，*person*

e—环境，*environment*

这个公式的涵义是，人的行为制约于两个因素，或言，行为是两个变量的函数，一个变量是人，另一个变量是环境，亦即人的行为是人与环境两个变量相互作用的结果。

K. Lewin 的思想是正确的，但他提出的公式只是一个想法，不能确切地说明问题，更未提出变化的规律。

根据《易经》思维，可以解答这个问题。人的行为制约于人的生活，而人的生活错综复杂，千变万化。但是经过长期的、深刻的观察、概括、提炼、抽象，人的生活不出两个范畴，一个范畴是物质生活，另一个范畴是精神生活，可以简为物质和精神。再加以仔细的研究，可以发现，这两个因素发生一定的关系。二者的关系既是相依的，又是相对的；既是相反的，又是相补的，也就是《易经》阴阳的关系。由于物质生活和精神生活组成了人的全部生活，物质生活的分量增大了，精神生活的分量就自然降低，反之亦然，这是相反的关系。相反的双方不能一个存在，另一个无有，一旦出现这种情况，人就不能生存。其原因是，人既需要食物糊口，又不能离群索居，因而还需要精神生活，与他人联系、交往、互助……才能成为人类。所以，物质与精神又是相依的，永远不能分开的。

至此，又可以用义理的方法定性定量地加以描述了。

假定以 *m*（*matter*，物质）代表物质生活，*s*（*spirit*，精神）代表精神生活，*m* 和 *s* 是两个变量，当 *m* 和 *s* 处于绝对对立（即绝对相反）的情况：

$$m = 0, \ s = 1$$

或 $$m = 1, \ s = 0$$

当二者处于既对立又统一（即相反相补）的情况，亦即相对对立的情况：

$$m + s = 1$$

人的行为是二者的交合作用，在数量上就是两个变量相乘的关系，故，行为可以写成：

$$b = m \times s$$

假定 $$s = x$$

则 $$m = 1 - x$$

于是 $$b = m \times s$$

$$= (1 - x) \cdot x$$

$$= x - x^2$$

很明显，这是一元二次方程式，其几何图像是一抛物线。将 b、m、s 之变化绘之如下：

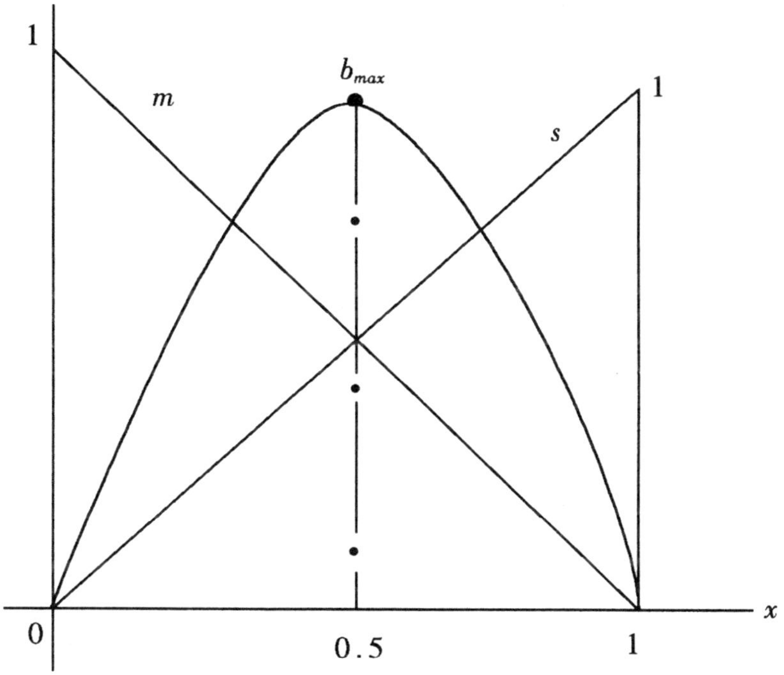

由图看出，行为 b 是变量 x 的函数，人的行为是有规律的。人的行为决定于其物质生活与精神生活相对平衡的状态。二者愈是趋于平衡，人的行为就愈是趋于最高；二者愈是趋于不平衡，或言趋于分离、差异，人的行为就愈是趋于最低。为了简要直观，取几个特殊点加以分析：

当 $x=0$ 时

$s=x$

$=0$　意味着精神生活等于 0。

$m=1-x$

$=1\quad 0$

$=1$　意味着人的生活被物质生活全部占满。

此时　$b=m\times s$

$$= 1 \times 0$$
$$= 0$$

结果是人的行为等于0。理论分析表明，当人只有物质生活而没有精神生活的时候，人的行为极低，为0。换言之，这样的人就降为动物了，不能参与人类的社会生活。

从社会学的研究可知，人的性质是由两方面组成的，一个方面是生物性或称动物性，另一个方面是社会性。人一旦全为生物性，其社会性就降为0，亦即精神生活为0。作为人类来说，出现这种情况，是人类向动物的倒退。

当 $x = 1$ 时

$s = x$

$= 1$　意味着人的生活被精神生活全部占满。

$m = 1 - s$

$= 1 - 1$

$= 0$　意味着物质生活等于0。

这种情况是说，人只有精神生活而没有物质生活，人是不能活的，其行为自然为0。

当 $x = 0.5$ 时

$s = x$

$= 0.5$　意味着精神生活占全部生活之半。

$m = 1 - s$

$= 1 - 0.5$

$= 0.5$　意味着物质生活也占全部生活之半。

这种情况，$b = m \times s$

$$= b_{max}$$

这种状态意味着物质生活与精神生活相平衡，人的行为最高，这是理想的行为状态。

以上结论是从生活的具象上升为物理的抽象，运用逻辑得出的。把这个结论再返回到人类生活，可以发现，一方面它与社会实践的经验相吻合，另一方面也是《易经》思想“阴阳和谐生生不息”在行为科学中的体现。由于管理科学的核心问题是人，所以行为科学在整个管理科学中的地位也就可想而知了。

从古今中外的社会管理的实践来看，上述结论带有普适性。古时孔子提出，“君子喻于义，小人喻于利”。孔子把人分成两大层次，上等人君子，下等人小人。上等人多追求义，即精神生活。下等人多追求利，即物质生活。用行为科学的观点来看，孔子是把人的需要分成上等层次和下等层次，各偏于不同层次的人。国外社会学家和心理学家也明确提出，人的需要分为两类，一类是低级需要，来自生理，起源于生物性的需要。另一类是高级需要，来自精神，起源于社会的需要。低级需要保证人的个体生存，高级需要则保证人类的群体生存。群体生存的活动，对于个体而言，属于社会活动，所以，高级需要为人与人之间互相联系所必需。

由此可见，当人的物质生活与精神生活相平衡时，人的行为最高。站在这个人的立场上去观察社会，这个社会环境对他来说，是最理想、最美好的。人的最高行为产生于最理想、最美好的社会。最理想、最美好的社会是行为科学追求的最佳境界。不言而喻，这里把行为量化了，出现了最佳值、最高值。从行为科学的角度出发，人类应该追求这个最理想、最美好的社会环境。自然而然地就会联想到，这个最理想、最美好的社会环境是公私平衡、人际和谐的社会。所谓公私平衡、人际和谐，应该是人所创造的价值，其分配，在个人与社会之间也是平衡和谐的，则人在物质生活和精神生活两个方面，同时获得了最大限度的享受。公与私、个人与集体虽然是对立的、相反的，但取得了最高程度的互补与统一，成为和谐的状态。在这种和谐的环境中，人与社会（群体）的关系，以及人与人的关系都获得了最高程度的互补与和谐。人际关系就成为“我为人人，人人为我”。人将真正地成为受社会尊重的人，人的行为也达到了最高的境界，亦即美的境界。所谓美，阴阳和谐为美，为上，阴阳不和谐为丑，为下。是故，义理就是人道，阴阳和谐就是社会管理之道，不可不察。

十四 《易》与美学

关于美的问题，按《易经》思维，一切事物皆由阴阳构成，阴阳及事物的性能可用数理的形式表达出来，即：

a—阴　　b—阳

阴阳的关系是

$$a + b = 1$$

$$\therefore \quad a = 1 - b$$

事物的性能

$$\begin{aligned} y &= a \times b \\ &= (1 - b) \times b \\ &= b - b^2 \end{aligned}$$

令 $b = x$

则 $y = x - x^2$

以几何图像表示如下：

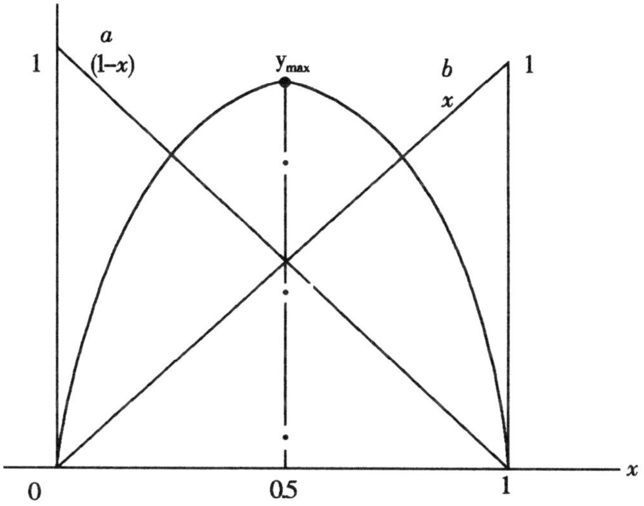

由图看出：当 $a = b$ 时

$$y = y_{max}$$

亦即阴阳平衡、和谐时，事物的性能最佳。这是《易经》义理的观点，这个结论适用于一切事物，最佳为美，美即和谐。

日常生活中最常见的是夫妻关系，当夫妻和谐时，夫妻关系最佳，是美的状态。

社会生活中处处皆有上下级关系，当上下级关系和谐时，工作效果最佳，是美的状态。

在学校中有师生关系，当师生关系和谐时，教学的效果最佳，是美的状态。

依此类推，千千万万，莫之能外。

至此，根据《易经》的思维可以回答，美是事物阴阳双方和谐的状态，简言之，美是和谐。

自然科学家早就发现美的存在，认为美是和谐。例如，在数学领域，马克劳林级数是美的象征；在电磁领域，马克斯威尔方程是美的象征；在力学领域，牛顿定律是美的象征……许多科学家在研究的过程中发现，宇宙万物存在着一个内在的规律——简单的和谐，这就是美。在西方从古希腊的毕达哥拉斯到牛顿、爱因斯坦都持这种观点。

中国文化不直接提美与不美的问题，而是提天人关系，如司马迁言，“究天人之际，通古今之变，成一家之言”。天人之际实际上就是美学的问题。中国哲学强调天人协调、天人相应、天人合一。天，指客观环境，小自氛围，大至宇宙；人则指人类本身。究其实质是天与人协调的思想。天人和谐则美（好），美则生生不息；天人不和则丑（坏），丑则生存维艰。

生生不息是指自然的自发生长，犹如寒热适中、风调雨顺，生物自发繁衍，这是人所共见的现象。由现象、具象上升到抽象，在中国哲学中出现了一阴一阳之谓道，燮理阴阳以求其和的思想和认识，这一点在《易经》中反映得非常突出。“生生之谓易”，“生生”指繁荣、昌盛、发达，这是《易经》的根本之处。欲生生，舍和谐，则不可能。

《易经》传到国外以后，也引发了效应，例如丹麦的玻尔，他是一位杰出的物理学家、量子力学的创始人之一、诺贝尔奖获得者。丹麦政府为了表彰他在物理学方面的贡献，授予勋章。这枚勋章的中心部位是中国的太极图阴阳鱼，这个图案，玻尔亲自设计，可见他对中国《易经》的崇拜。

玻尔认为，中国哲学的阴阳观、和谐观极有见地，他受益匪浅。由于受到中国《易经》思想的影响，玻尔自己提出了“互补原理”。

在中国，应用《易经》最系统、最深邃的应属中医学。中医理论明确提出，阴阳平衡，精神乃治，阴阳离决，精气乃绝（死）；孤阴不生，独阳不长。用阴阳的变化概括出了人体生命的规律。仔细品味，这是把具象化为抽象，把形而下化为形而上，研究其变化规律的一门学问。“易”本身的涵义是变化，“经”字在中国文化中是纺织的经线，永恒的意思，“易经”二字则指变化无穷的学问。

除了事物本身的阴阳变化之外，还认为宇宙中的一切皆互相感应，错综影响而成为事物存在的状态。比如人，司马迁说，要究天人之际，现代语言，就是要研究人与自然（包括社会）的关系。《易经》是一门整体性的哲学思想和研究方法，与现代的系统论颇为相似，也是中国人的认识论与美学观。如果人与自然的关系达到了最佳状态，可以说天人之际臻于美。反之，如果天人之际处于非佳状态，则认为不美。此中有量变的因素，那么这个量变如何参与？

根据《易经》的思维，事物的最终性能受该事物所在系统之综合影响。

假定系统由天地人三个因素所构成，用义理形式来表达，则是：

事物的性能是

$$y = (x - x^2)^3$$

x 代表每个因素中的阳分

亦即

$$b = x$$

于是阴分 $a = 1 - x$

为了使每一层次的阴阳对比关系更加清楚，可把上式加以变换，改写成：

$$y = (1 - \xi^2{}_1) \cdot (1 - \xi^2{}_2) \cdot (1 - \xi^2{}_3)$$

ξ_1、ξ_2、ξ_3 分别表示天地人三个层次中的阴阳对比状态，即 a 与 b 的对比状态：

$a=1$，$b=0$ 时		$\xi=-1$
$a>b$	时	$-1<\xi<0$
$a=b$	时	$\xi=0$
$a<b$	时	$0<\xi<+1$
$a=0$，$b=1$ 时		$\xi=+1$

为了直观，将 ξ_1、ξ_2、ξ_3 以及（$1-\xi^2$）的几何图像绘于下：

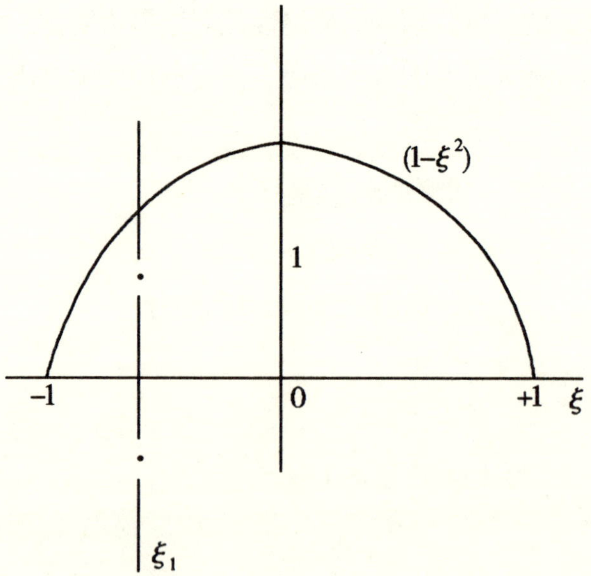

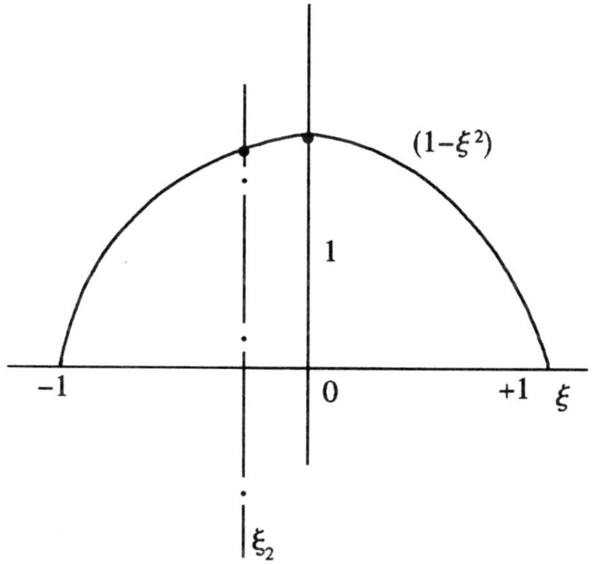

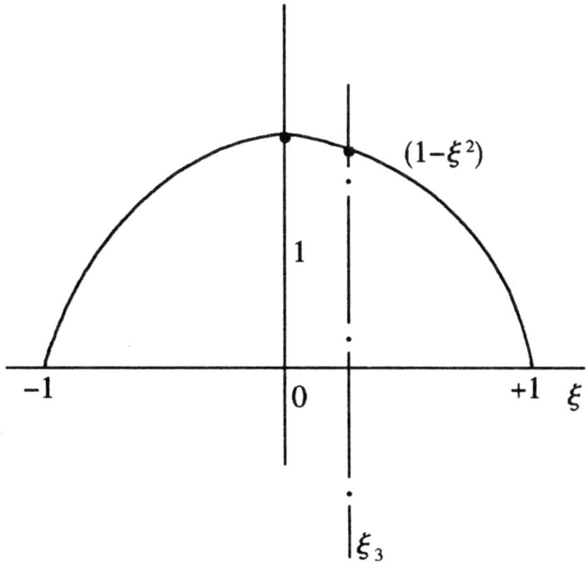

不难看出：

y 的数值处于 0 ～ 1 之间

$$y = 1$$

表示事物的性能最佳，这种情况只有当天之阴阳平衡，地之阴阳平衡，人之阴阳平衡时才能出现，这是最佳（美）的状态。

$$y = 0$$

表示事物的性能最差，这是最坏的情况。

$$0 < y < 1$$

表示一般情况。

理论分析表明，事物的性能欲求其善，应于系统的各个环节追求阴阳平衡。对于人与环境的关系，亦应追求二者的和谐与统一。天的阴阳平衡是寒热适中，地的阴阳平衡是风调雨顺，人的阴阳平衡是和睦相处，在这样的环境中，人将自动发挥其最高的功能，表现出来的行为可达至善、至美。

从 y 的数值变化（0 ~ 1），可以判断出事物的功能状态，举例如下：

这里天与地合之可以代表自然环境，也可以代表社会环境，也可以代表自然与社会二者的综合，总之以环境来概括。按前述天地人三个层次，在每个层次中阴阳对比之值 ξ 各取五个，亦即五个状态：

ξ	-1	-0.5	0	$+0.5$	$+1$
$1-\xi_1^2$	0	0.75	1	0.75	0
$1-\xi_2^2$	0	0.75	1	0.75	0
$1-\xi_3^2$	0	0.75	1	0.75	0

经过计算，事物的存在状态共有一百二十五种（y 值），按数值的大小分类如下：

y 值	出现次数	机率（%）
1	1	0.8
0.75	6	4.8
0.75^2	12	9.6
0.75^3	9	6.4
0	98	78.4
	125	100%

可见，在天地人系统其排列组合的一百二十五种状态中，最佳的状态或美的状态（$y=1$）只占 $1/125=0.8\%$；最坏的状态或丑的状态（$y=0$）却占 $98/125=78.4\%$，其余则是中间状态。各个子系统均呈阴阳平衡的时候是整个系统最佳、最美的状态，但是出现的几率极低。虽然如此，它却是人们应该追求的目标。从《易经》阴阳观的角度来看，事物的美与不美就是事物的佳与不佳。通俗言之，事物的好与坏受其相关因素的影响，因此，必须整体考虑、研究，追求系统整体的至美、至善。

为了直观，把上述分析的各类状态之对比关系绘之如下：

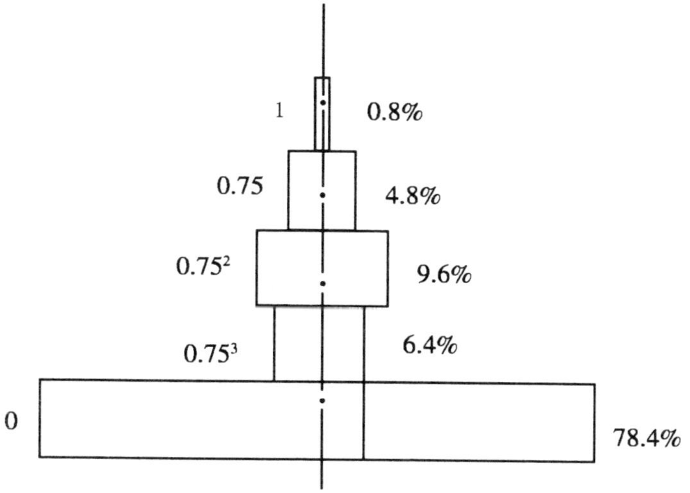

由图看出，“1”的状态最佳、最美，出现的几率最小，好景不长，却是人们应努力以求。人一旦认识了趋佳趋美的规律，就会自觉去追求，这是人与动物最大的不同之点。

如果对ξ取十一个状态，即：

$$\xi = -1,\ -0.8,\ -0.6,\ -0.4,\ -0.2$$
$$0$$
$$+0.2,\ +0.4,\ +0.6,\ +0.8,\ +1$$

可以计算出总的排列组合数为 $11^3 = 1331$ 种状态，$y = 1$ 的最佳最美状态只占 $1/1331 = 0.07\%$。至此可以得出，$y = 1$ 的几率总是 $1/m$，m 为总的排列组合数。此一结论提示，系统整体最优最美的几率是百分之一,千分之一,万分之一……亦即任何事物求好难，求坏易。以这个结论与现实生活对照：比如把一个孩子教育好，成器，须经漫长而艰难的过程；反之，学坏，却非常容易。再比如建设，一砖一瓦地盖成大厦，需要经年的时间，但破坏它，却在一瞬之间。

由上述可知，欲得最佳，欲得美，实是难中之难。在事物变化的全过程中，最佳只是一个点，这个点虽然为时短暂，却是人们努力追求的目标。

就人的生命过程而言，这个最佳点位于中年，此时人的生理阴阳平衡：

$$a = b$$
$$s = s_{max}$$

a—阴分，b—阳分，s—生命

这是人的生命过程中最美好的状态，当然应该成为追求和留恋的目

标。除此之外，在生命的全过程中，还有一个最佳的状态，这就是灵性最佳，此时

灵性 $ds/dt = 1$

阴分 $a = 1$

阳分 $b = 0$

t—时间，寿命

s—生命

由前可知 $s = 0$

阴阳离决，精气乃绝，生命为 0，人将死去，这一点不可能达到。能够达到的是：

$$1 \neq ds/dt \rightarrow 1$$

$$1 \neq a \rightarrow 1$$

$$0 \neq b \rightarrow 0$$

由此可知，灵性（ds/dt）虽然存在，但不可能达到最高（极限为 $ds/dt = 1$），这是自然界甚为奇怪的现象。谁欲达到极限，谁就走向死亡。因此，人类主观欲穷尽客观，将是不可能的。所以世间一切认识均是相对，而非绝对。当灵性接近极限而非极限（$1 \neq ds/dt \rightarrow 1$）时，其认识只能说是接近绝对，而非真正的绝对。

灵性在人的生命过程中存在，在一般情况下人们有所体验，极高的灵性（$ds/dt = 1$）在婴幼时存在，但婴幼不能发现，也不能利用，只有成人在修心中可以发现，有可能利用。修心也叫修行、修持，它的运作过程是入静→净心，最后达到清净状态。从生理角度言，这个过程与生长过程是相逆的。

修行家有句成语是，“顺凡逆仙”，其意是，顺着生长的方向走，就是平平凡凡的一个人，逆着生长的方向走，能够获得高灵性，也就是俗言成仙得道。在这种情况下，阳分 b 从某一值降到接近于 0 的状态，阴分 a 则从某一值升到接近于 1 的状态，灵性（ds/dt）自然出现，而且甚高，从量上言

$$1 \neq ds/dt \rightarrow 1$$

这一点，佛家典籍称做“真如”、“自性”。真如的意思是真正的如其本来的那个东西。自性的意思是本来自有的属性、灵性。

这个属性却非常人所能发现。有些文本也叫智慧明珠，人人皆有一颗智慧明珠，只是被杂念层层包裹，不能发露。如欲发露，必须有清净的心态，欲得清净的心态，必须有修行的基础。所谓修行是修正思想修正行为，使人进入正人之列，正人者正而不邪，众善奉行，诸恶不为，亦即做一个道德高尚之人，而且还须自净其意。自净其意是内心清清净净，丝毫没有施善图报的念头。

达到清净，自然发慧，以智慧观照是为自性起用。前面已叙，自性起用无时空阻隔，天人合一、物我合一、万物一体。这种境界也叫大觉大悟、大智大慧，是超常的境界，非常人所能为。儒家对于在这种境界下所得的知见，叫做“德性之知”。相对而言，日常的学习则叫做“见闻之知”。而且认为，“德性之知，不萌于见闻”（宋·张戴《大心》）。佛家对此亦持类似见解，对智慧叫做“根本智”，对平常读书，则叫做“后得智”。

常态的美境是天人协调、物我和谐，人与物有时空阻隔，而超常的美境则是超越的层次，天人合一，物我一体，这是人的灵性极高的境界所得的感受，亦是人的认识超越常态的层次。然而这个超常的美境却非自然出现，而是人为而达。所谓“人为”，是修行的成果，到达果位还须“起用得当”，方可进入超美之境。

这里借唐代禅宗第六代祖师（亦简称六祖）惠能的话来做描述，惠能言，我此法门以定慧为本，定是慧之体，慧是定之用。做个比喻，定是灯，慧是光。定就是清净的心态，慧则是灵性、灵觉。

所谓“起用得当”，也借惠能的话来描述，惠能言，定慧等持，双修是正，即定之时慧在定，即慧之时定在慧。现代语言，在定态下使灵性起用，观照某境，灵性起用时不能破坏定。

所以，这个超美的境界，高层的认识，是无为与有为，有为与无为相兼而得。无为与有为相兼是阴阳和谐，是美的境界。

美，有自然存在者，能自然显现；亦有虽自然存在，很难自然显现，须靠人为发掘。人的高灵性的显现就属这种情况。

以上是就人自身的两种最佳状态而言，得出最佳为美。欲得最佳，必须阴阳平衡，阴阳和谐。因此，可转换为和谐是美。

阴阳和谐，最佳，万事万物皆有其相应的存在状态，须分门别类地逐一研究，或结合本业留意寻找。

在美学史上有过许多争论，举其要者，有：

> 美是主观所造，客观上并不存在，美首见于艺术，艺术美是人所创造，自然美是从艺术美的观点比附而出，艺术美高于自然美。
>
> 美是客观存在，存在于自然界，也存在于现实生活，问题在于人能否发现它。
>
> 美是主观与客观相互作用的产物，美离不开客观对象，也离不开主观人。一件艺术品它本身达到了美的境界，但欣赏的人不懂，也达不到美的效果。

简言之，在美学史上争论的焦点是，美究竟是不是客观存在。

以《易经》的思维言，美是事物的最佳状态，而最佳恰恰是该事物内部阴阳和谐之所致。由此观之，自然界、现实生活皆存在美，人自身及一切生物也皆存在美，主体与客体之间的相互作用也存在美，但发现美则是因人而来，美由能发现它的人而出现。

美是最佳，美是和谐，任何事物均存在这样的状态，如何发现，如何把握，全在人为。认识客观（含人自身）是人类永恒的课题，如果把认识客观作为一件事物来看待，那么，依前所述，主观对客观的认识是永无尽头的，换言之，在认识客观这个问题上，美无尽头，美无止境。

美由人来，人为认识主体，人有心识，俗言一切皆由心生，何心可生？

追溯以往，儒家在《尚书》中已有论述。《尚书·大禹谟》言："人心惟危，道心惟微，惟精惟一，允执厥中。"大禹是人，谟的涵义是大政方针，亦即大禹治理国家的纲领。典籍相传这十六个字是尧传舜，舜传禹，至禹而落于文字，亦称儒家十六字心经。

人心惟危是说人心不好，私心杂念很重；道心惟微是说道心太少，现代语言，道心是发现事物理法规律的心识；惟精惟一是说心识欲到高处，须精修到无分别的"一"的境界，亦即大觉大悟、大智大慧的境界；允执厥中是说，实际工作及日常生活须实行中庸之道。

前已述及，无为法可达无分别境界，在这种状态下，人的灵性极高，以致距离的因素可以消除，而呈时空消失，天人合一，人可洞察一切。宋代陆象山形容这种境界："吾心即宇宙，宇宙即吾心。"

不言而喻，达到这种境界是很难的，但它却是觉性至高的状态。

觉性与理性是阴阳的关系，二者协调统一，可以生发一切，在西方称此为优美的心灵、完美的人性，美即由此而来。

亦据这一思想，提出以艺术为背景的审美教育，亦因此教育与艺术发生了联系。

艺术与科学不同，艺术偏于觉性，科学偏于理性，而觉性是源，理性是流；觉性模糊，理性精密；觉性偏重是什么，理性偏重为什么。

联系到人类的认识历史，最早的认识是巫术，后来到宗教……再到艺术，皆偏于觉性。由觉性向理性的发展是向前的进步。近代出现了科学，这是理性向前发展的标志。

觉性与理性的和谐统一是美的标志，艺术与科学的渗透是人类认识更高的层次，这是《易经》的思维，是美学。

提到宗教，中国的佛教、道教皆是无神论，而是以人为本，提倡觉悟、智慧。严格言之，中国的儒、释、道三家是不同的文化派别，称其为宗教亦属勉强。西方则相反，以基督教为例，是有神论。

近代的科学发展史表明，西方教廷在科学发展的道路上起了绊脚石的作用。例如，五百年前，哥白尼提出日心说，与《圣经》相左，遭到教廷压制，含怨而死。之后，意大利的布鲁诺坚持并发展哥白尼的学说，被罗马教廷判以焚刑，时在 1600 年 2 月 17 日。到 17 世纪，伽利略用实验方法证实了哥白尼的学说，再次遭教廷迫害。

《易经》思维是天然的美学思想，既重觉性又重理性，二者有机的结合能生发万物，中国文化则称此为“和实生物”，亦称“生生之谓易”。西方文化则称美为第二创造力（自然界是第一创造力）。

现代科学已证实，人的左右两个半脑分工不同，左半脑长于抽象、理性；右半脑长于形象、觉性。二者协同发展，创造力强，美；否则，弱，丑。

至于美的领域，按不同的分类方法可有不同的分域，现举几例：

按物质与精神分：

物质的——衣、食、住、行。由此衍生出服饰、烹饪、建筑、交通。

精神的——文学艺术、科学技术、文化教育、道德风尚……

按主观与客观分：

主观的——眼、耳、鼻、舌、身、意（思维）衍生出有为法，无为法，写实法，写意法……

客观的——色、声、香、味、触、法（意识）衍生出色彩学和声学、医学……

按自然与人工分：

自然的——泰山之雄、黄山之秀、华山之险……

人工的——园林、盆景、工艺品……

总之，美遍于世间一切领域，事物的阴阳和谐为美，致阴阳于和谐为美学。《易经》的核心思想，在于阴阳和谐。是故，《易经》者，美学也。

十五　《易》与中国传统文化

中国传统文化涉及儒、释、道三家，三家的学术内涵构成了中华民族五千年的文化历史。儒家最高称圣，佛家最高称佛，道家最高称仙。圣、佛、仙皆由人成。成者，非天生，而是修学的成果。

修，以无为为主；学，以有为为主。

无为亦称无为法，有为亦称有为法。

儒家之无为法最早可上溯到《尚书·大禹谟》。《大禹谟》的本言是：

“人心惟危，道心惟微，惟精惟一，允执厥中。”

其意是人心不好，道心太少，人需要精修到高处，达到无分别的“一”的境界，才能大觉大悟、大智大慧，但在致用及日常生活中，须实行中庸中道。

这 16 个字亦称“儒家心经”，相传是尧传舜，舜传禹，禹落于文字。

儒家心经道出两个核心：“一”与“中”。

“一”是什么？

“一”，亦称无分别，“二”，即是有分别，如对立、阴阳、主客……

不言而喻，无分别则无对立，亦无远近，亦无物我……在一般情况下，这是不易理解的，亦难以接受。而在儒释道三家的典籍中则屡见不鲜，而且给予形容，如天人合一，不思而得，无为而成，梵我同一，灵明觉知，虚灵不昧，生道合一，无为而无不为……

这一点，有过修行经验的人多有感受。

修行一事是中国传统文化的重要内容，例如朱熹教学，要学生半天打坐，半天读书；王阳明在静坐中开悟，言：“圣人之道，吾性自足，向之求理于事物者，误也。”因此提出“良知”学说。

修行的实质，可分成两个层次：

低层次：健身，祛病，延寿，简为养生。

高层次：开发智慧，简为开智。

根据《易经》的阴阳观，修行的机理可阐述如下：

人的生命　$s = t - t^2$

t—人的寿命，即年龄

人的生命由阴阳构成

阴　$a = 1 - t$

阳　$b = t$

人的灵性

$$ds/dt = 1 - 2t$$

上述各式，缘何得出，可见前，不再赘述。

将上列各式绘出其变化的图像：

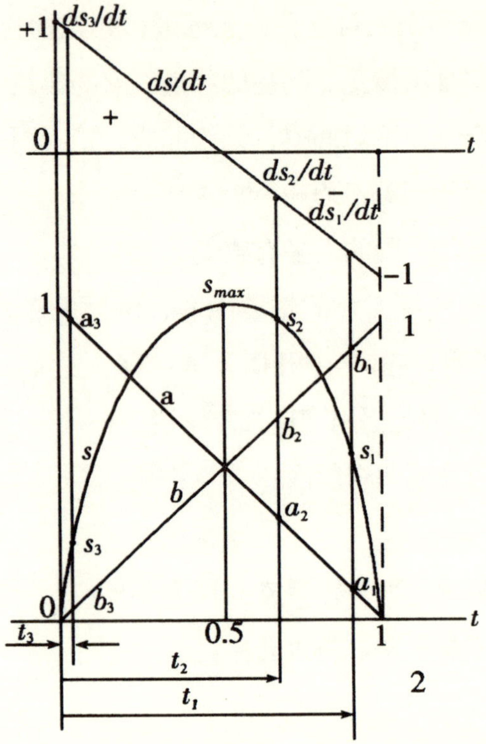

依图叙之，假定：某人其生命为 s_1，阴为 a_1，阳为 b_1，寿命为 t_1，灵性为 ds_1/dt，由此状态开始修行，向无思无为的方向进展，亦即降阳。

再假定：阳分从 b_1 降至 b_2，于是阴分 a_1 升至 a_2，生命力即从 s_1 升至 s_2，寿命从 t_1 降至 t_2，灵性则从 ds_1/dt 升至 ds_2/dt。总的效果是，生命力上升了，寿命倒退了，灵性上升了，带来了返老还童，自然地出现身健、病退、寿延，这种情况属于修行的低层次，亦即养生。

更进一步，阳分从 b_2 降至 b_3，阴分从 a_2 升至 a_3，生命力则从 s_2 降至 s_3，寿命从 t_2 降至 t_3，灵性则从 ds_2/dt 升至 ds_3/dt。这是婴幼的状态，气功家称此为胎息，灵性极高，气功家称之为元神；儒家称之为德性；佛家称之为定能生慧；道家称之为无为而无不为。这种状态，人的觉悟大增，智慧大显，是修行的高层次，属于开智。

由图可以看出，阴阳平衡时生命力最高，恰是中道，或言中庸之道，这是生命的最佳状态，推延之，万事万物，概莫能外。

修行对人的生理有直接影响，能够返青与延寿，以图像示之如下：

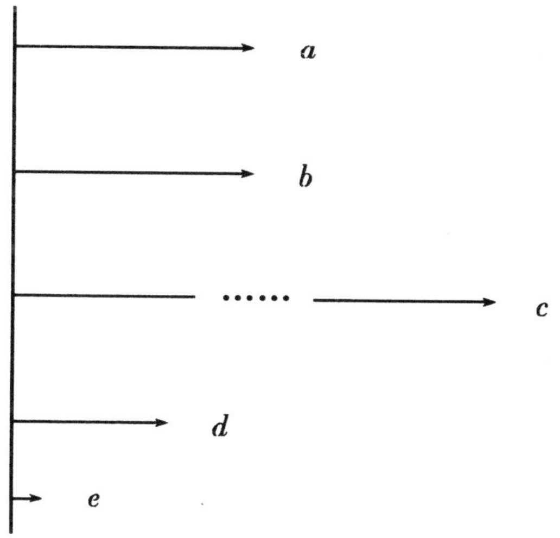

图中　*a*—自然时间

b—常人生理时间，自然时钟转动一年，常人生理时钟也转动一年，自然时钟与生理时钟同步。

c—焦灼不安之人的生理时间，例如京剧伍子胥过昭关，一夜愁白了须发。意味其生理时钟转动加速，一夜之内转动的时间跨距，相当于自然时钟转动了若干年。

d—心绪达观者的生理时间，心情舒畅，生理时钟转动变慢，相对而言，自然时钟的转速高于生理时钟，自然时间过了一年，生理时间小于一年，生理年龄小于社会年龄。

e—修行有素者的生理时间，由于其阳分降低甚剧，其生理时钟几乎不转或转动极慢，唐代慧昭和尚即属此例，290岁还健康地活在世上。在日常生活中，由修炼而变年轻者，也不少见。

修行深者，常常做功时间甚长，而在自身的感觉上，不过很短的一瞬，其原因在于自身的生理时钟几乎停转，而自然时钟照常运转，二者有差。

“智慧”一词，有两层涵义：“智”指世间能见，“慧”指世间难见或不能见。佛家语言，智门照有，慧门鉴空。“智慧”二字常连用，修行之中，重点在慧。

“慧”字总的涵义是，手持箬帚在心上扫，扫得愈干净，愈慧。从修行的体验可以知道，慧是人的灵性。人的心田愈清净，人的灵性愈高。当灵性高到一定程度，时空消失，出现：

天人合一，此状态，儒家称圣。

梵我同一，此状态，佛家称佛。

生道合一，此状态，道家称仙。

圣、佛、仙皆由人成。

圣、佛、仙的功能大大超出常人，可谓“神”。

神是什么？

神是人的本性、本觉、灵性，人人皆有。佛家认为，人人皆有一颗智慧明珠藏于心中，这是真正的、如其本来的东西，称为真如、如来。发露出来，是圣、佛、仙；藏匿内里，则是如来藏。是故，人人皆有如来智慧本性，皆能成圣、佛、仙，皆能成尧、舜。

修行是无为的方法，《易经·系辞》用“无思无为，寂然不动，感而遂通”来描述。

无为才能达到无分别的“一”的状态，人的灵性才能呈现极高以至最高，大觉，大悟。

关于“一”，儒释道三家阐述不同，但基本精神一致，略举数点：

1. 儒家

（1）人心惟危，道心惟微，惟精惟一，允执厥中。(《尚书》)

（2）大学之道，在明明德，在亲民，在止于至善。(《大学》)

明德指生而具有的灵性，明明德指把生而具有的灵性发挥出来。亲，读音新，指济众图新。止于至善，指事业所向达最完善之境界。

（3）知止而后有定，定而后能静，静而后能安，安而后能虑，虑而后能得。(《大学》)

（4）古之欲明明德于天下者，先治其国；欲治其国者，先齐其家；欲齐其家者，先修其身；欲修其身者，先正其心；欲正其心者，先诚其意；欲诚其意者，先致其知；致知在格物。(《大学》)

（5）何谓修身正心？

身有忿懥，则不得其正；有所恐惧，则不得其正；有所好乐，则不得其正；有所忧患，则不得其正。(《大学》)

心不在焉，视而不见，听而不闻，食而不知其味，此谓修身在正其心。(《大学》)（注：此状态相当于佛家修行之定，佛家亦称法身，法身为空寂身，但寓灵极高，一旦起用，则无所不照。）

（6）何谓诚？

诚者，天之道也；诚之者，人之道也。(《中庸》)

诚者，不勉而中，不思而得，从容中道，圣人也。(《中庸》)

诚则明矣，明则诚矣。(《中庸》)

诚者，自成也。(《中庸》)

诚者，物之终始，不诚无物。(《中庸》)

诚者，非自成己而已也，所以成物也。成己，仁也；成物，知也。(《中庸》)

自诚明，谓之性；自明诚，谓之教。(《中庸》)

唯天下之至诚，为能尽其性。能尽其性，则能尽人之性。能尽人之性，则能尽物之性。能尽物之性，则可以赞天地之化育。可以赞天地之化育，则可以与天地参矣。(《中庸》)

唯天下至诚，为能经纶天下之大经，立天下之大本，知天地之化育。(《中庸》)

至诚之道，可以前知。国家将兴，必有祯祥。国家将亡，必有妖孽。……祸福将至，善，必先知之；不善，必先知之。故，至诚如神。(《中庸》)

故，至诚无息（注：经常做诚的功夫），不息则久，久则征（注：征指显出功夫的效果），征则悠远（注：悠远指效果广而大），悠远则博厚，博厚则高明。博厚，所以载物也；高明，所以覆物也；悠久，所以成物也。博厚配地，高明配天，悠久无疆。如此者，不见而章，不动而变，无为而成。(《中庸》)（注：此状态相当于佛家修行之明心见性，见性成佛，佛者，大觉大悟也。）

（7）苟不至德，至道不凝焉。

故，君子尊德性而道问学；致广大而尽精微；极高明而道中庸。(《中庸》)（注：德性相当于佛家之智慧，道问学指做学问；致广大相当于天人合一，尽精微是无微不察；极高明相当于无分别“一”之状态，道中庸则指在相对境界中行中庸之道。）

（8）喜怒哀乐之未发谓之中，发而皆中节谓之和。

中也者，天下之大本也；和也者，天下之达道也。致中和，天地位焉，万物育焉。(《中庸》)(注：感于内，不发，谓之中。此相当于佛家之觉于内。发而中节，谓之和。此相当于佛家之行于外。致中和，相当于佛家之觉行圆满，是故，天地位焉，万物育焉。)

2. 佛家

（1）依般若波罗蜜多故，心无挂碍。无挂得故，无有恐怖，远离颠倒梦想，究竟涅槃（注：涅槃指定能生慧的定境）。(《心经》)

（2）三世诸佛（注：三世指过去、现在、未来），依般若波罗蜜多故，得阿耨多罗三藐三菩提（注：阿耨多罗三藐三菩提，中文意译为无上正等正觉）。(《心经》)

（3）应无所住，而生其心。(《金刚经》)(注：应无所住，指定；而生其心，指慧。亦即定能生慧。)

（4）一切贤圣，皆以无为法而有差别。(《金刚经》)

（5）无诤三昧，人中最为第一。(《金刚经》)(注：三昧，指定境。)

（6）定是慧体，慧是定用，定慧一体，不是二。(《坛经》)

（7）一切万法，自离自性。(《坛经》)(注：法指事物，自性指生而具有的灵性。)

（8）一即一切，一切即一。(《坛经》)(注：一，指无分别境界；一切，指万事万物。)

（9）(释迦牟尼）成道时，诧曰：奇哉！奇哉！大地众生皆有如来智慧德相，但因妄想执著，不能证得。若无妄想执著，则自然智，无碍智，一切智，即时现前。(《华严经》)

（10）圣智无知，万品俱照；法身无象，殊形并应。(《维摩诘经序》)

（11）闭知塞聪，虚心玄鉴，独觉冥冥幽深。(《肇论》)

（12）不得般若（注：般若，中文译为智慧），不见真谛。(《肇论》)

（13）欲疾证得一切智智，应学般若波罗蜜多。(《大般若波罗蜜多经》)

3. 道家

（1）为学日益，为道日损，损之又损，以至无为，无为而无不为。(《道德经》)

（2）不出户，知天下；不窥牖，见天道。其出弥远，其知弥少。是以圣人不行而知，不见而明，不为而成。(《道德经》)

（3）天得一以清；地得一以宁；神得一以灵；谷得一以盈；万物得一以生；侯王得一以为天下正。(《道德经》)

（4）庄子言："守其一，以处其知。"

又言："至人用心若镜，不将不迎，应而不藏，故能胜物而不伤。"

日本人铃木大拙是位学者，习禅见功，达到开悟，因此对佛学笃信不疑，他写了两句诗大致描绘他的体验：

竹影扫阶尘不动，
月穿潭底水无痕。

其意为，用竹叶的影子清扫台阶，尘土不动；月光照沏潭底，在水中不留痕迹。他以竹影和月光比喻人的灵觉行踪，其体验与庄子的胜物而不伤一致。

（5）无思无为，寂然不动，感而遂通。(《系辞上传》)

（6）不疾而速，不行而至。(《系辞上传》)

由以上可知，中国传统文化重灵性、觉性、体验，相比而言，西方文化则重分析、理性、实验。以《易经》的阴阳论观之，中国传统文化偏于阴性思维模式，西方文化则偏于阳性思维模式。以义理而论，阴阳相补，和谐为上，偏颇为下。由此推之，在未来的年代，中西文化汇流，融合，互补，将成为趋势。

关于这个问题，早年的北京大学教授、美学家宗白华先生有过论述。他在五四时期的《中国青年的奋斗生活与创造生活》一文中曾言："将来的世界新文化一定是融会两种文化的优点而加之以新创造的。这种融会两种文化的事业，以中国人最相宜。因为中国人吸收西方文化以融合东方，比欧洲人采撷东方的文化以融合西方，较为容易，以中国文字、语言艰难的缘故。中国人天资极聪颖，中国学者，心胸思想，本极宏大，若再养成积极创造的精神，不流入消极悲观，一定有伟大的将来，于世界文化一定有绝大的贡献。"

1968 年美国的斯佩里和莱维从实验研究的基础上提出，人的左右两个半脑分工不同，左半脑长于抽象、语言，右半脑长于形象、空间，而且两个半脑还有各自逞强互相干扰以及互相协作的现象。同时提出，人有两种认知能力：

左半脑	右半脑
思维	感觉
理智	直觉
客观逐一地分析	主观整体地感受
为什么	是什么
有时间概念，按部就班	无时间概念，想象幻想

莱维在文中曾说："美国研究生院的教学最终可能完全摧毁受训者的右脑半球。"由此可以看出，西方非常重视理性教育，亦即注重培训左半脑。

这是现代科学的认识，以此对比中国的传统思维，中国文化之根可以说是《易经》，《易经》的基本观点是阴阳论，认为一切事物均有阴阳两面，阴阳之间相互作用构成事物的功能和变化，其规律为，阴阳交合，事物生发；阴阳离决，事物灭亡；阴阳双方变化，构成事物的变化；阴阳平衡、和谐，事物存在的状态最佳。事物之中，何为阴，何为阳，唯智者能察，愚者难辨。

《易经》的阴阳论符合实际，但中国传统思维模式却有偏颇，注重右半脑，这一点古人并不认识。再次举例以兹说明：

1. 儒家：

（1）大学之道，在明明德（明德——天生本有的灵性），在亲民，在止于至善。(《大学》)

（2）不见而彰，不思而得，无为而成。(《中庸》)

（3）尊德性（德性指本有的灵性）而道问学，极高明（指运用灵性而致悟）而道中庸，致广大（指悟至天人合一的状态）而尽精微。(《中庸》)

（4）吾道一（一指无分别）以贯之。(《论语》)

（5）返身而诚（诚指真纯无杂），乐莫大焉，万物皆备于我。（孟子）

（6）学问之道无他，求其放心（放跑了的清净心）而已。（孟子）

（7）吾心即宇宙，宇宙即吾心。（宋·陆象山）

（8）心即理，心外无理。（明·王阳明）

2. 佛家：

（1）应无所住而生其心。（《金刚经》）（注：应无所住指不着相，全句之意是保持净心无思无为则心识灵明。）

（2）一切贤圣皆以无为法而有差别。（《金刚经》）（注：无为指无思无为，亦即净心，净心愈甚，灵性愈高，全句之意是，圣贤之别全在灵性。）

（3）无诤三昧，人中最为第一。（《金刚经》）（注：无诤指无分别，三昧是从梵语音译，其意为定境，全句之意是，在无分别的定境下人的灵性最高。）

（4）定是慧体，慧是定用，定慧一体，不是二。（《坛经》）（注：定指净心，慧指灵性，全句之意是，一旦净心，灵性即现，故言定慧一体。）

（5）一即一切，一切即一。（《坛经》）（注：一指无分别，亦即净心，全句之意是，一旦心净，灵性即现，其灵性之高可通晓一切。）

（6）圣智无知，万品俱照；法身无象，殊形并应。（《维摩诘经序》）（注：圣智指慧，无知指无分别，前半句之意是，在无分别之下才能发出灵性，其灵性之高，无所不照。法身乃佛家术语，指心一旦清净，灵性向外发散，可以称做灵性场、觉性场，此场无象可察。殊形指各式各样的形象，后半句之意是，自心一旦清净，可以出现觉性场，能察觉一切物象。）

（7）心无挂碍……远离颠倒梦想，究竟涅槃……得阿耨多罗三藐三菩提。(《心经》)（注：涅槃指定境，阿耨多罗三藐三菩提，中文译为无上正等正觉，总的意思是，去掉一切思虑，即得心净，心净则定，定则发慧，亦即出现灵觉，此灵觉之高，不可思议。）

3. 道家：

（1）为学日益，为道日损，损之又损，以至无为，无为而无不为。(《道德经》)（注：为学指学习知识，增加本领。为道指求取智慧、灵觉，必须将知见、分别放弃，弃到接近于无，则是净心状态，心净必出灵性，具备灵觉则无所不察，故言无为而无不为。）

（2）不出户，知天下，不窥牖，见天道。其出弥远，其知弥少，是以圣人不行而知，不见而明，不为而成。(《道德经》)（注：全句之意是，当人修行到一定程度，外不着相，内不动心，亦即心净，此时灵性极高，可通晓一切。道家用自己的语言道出了与佛家相同的见解，即定能生慧。）

（3）嗜欲深，天机浅；静悟，见天机。（庄子语）（注：嗜欲指杂念、思虑，静指净心，悟指灵觉，全句之意是，杂思重时，灵觉甚低，净心时，灵觉升高，可知自然之秘。）

（4）无思无为，寂然不动，感而遂通。(《系辞上传》)（注：全句之意是，净心状态，虽然无动，却可感知一切。）

（5）不疾而速，不行而至。(《系辞上传》)（注：在净心状态，其觉知不快而快，不行而达。）

总观之，构成中国传统文化的儒释道三家，其思维模式皆是以觉性为主，亦即重用右半脑。从三家的典籍看，使用右半脑所达到的水平，相当之高，如儒家提出天人合一，佛家提出梵（梵指大千世界）我同一，道家提出生道合一。这些皆是精华之品，非常珍贵，国外学者常称此为东方神秘文化，亦有其理。因为它不是由分析、推理而得，而是自出，不虑而知。

清末门户开放以后，引入西方文化，迄至今日，教育体系可谓基本西方化了，教学内容亦是注重培训左半脑，跟在西方后面亦步亦趋，从一个极端走向另一个极端。

东西方的思维模式不同，造成的历史结果亦异，西方的科学胜于东方，中国的科学之所以落后，与我们的思维模式有关。历史进展至今，已经知道，世间学问大分有二，一是艺术，研究的对象以形象为主，偏重使用觉性（感觉、直觉、叙述、描绘）；二是科学，研究的对象以抽象为主，偏重使用理性（分析、综合、归纳、演绎）。纵观中国传统文化，理性思维不足，这一点应该说是中国科学落后的重要原因。科学与艺术是人类进步的两条腿，缺一不可。上策是取人之长，补己之短，走觉性与理性阴阳和谐生生不息的道路。

关于“中”，儒释道三家也有一致的表达。

中道也是中国传统文化的核心之一，前面已经证明，中道或中庸之道是事物存在的最佳状态。对此，儒释道三家也有不同的论述，但基本精神一致，也略举数点：

1. 儒家

（1）中也者，天下之大本也；和也者，天下之达道也。致中和，天地位焉，万物育焉。（《中庸》）

（2）执其两端，用其中于民。(《中庸》)

（3）礼之用，和为贵。(《论语》)

（4）过犹不及。(《论语》)

（5）中庸之为德也，其至矣乎，民鲜久矣。(《论语》)（注：中庸是阴阳和谐的状态，在相对世界中，功能最高，百姓少知。）

（6）不患贫而患不均。(《论语》)

2. 佛家

（1）无二之性，即是佛性。(《坛经》)

（2）二道相因，生中道义。(《坛经》)

（注：无二，指既不阴，又不阳，是阴阳合一。佛家的中道，亦是阴阳合一，不是儒家的阴阳和谐。）

3. 道家

（1）天之道，损有余而补不足。(《道德经》)

（2）多言数穷，不如守中。(《道德经》)

中国传统文化崇尚中道，西方文化亦是如此，例如大数学家毕达哥拉斯在《金言》中说，一切事物，中庸是最好的。

随着历史的进展，中国文化由“尚中”又走向“中和”。周代立国840年，最后灭亡。临灭之前，周朝的王公贵族不忍其灭，问史官史伯，何以致此？史伯回答，周晚期犯了“弃和取同”的大错，定灭无疑，并言，“和实生物，同则不继”。又问，何者为和？史伯言：“以他平他之谓和。”前一个他是一物，后一个他是另一物，现代语言，和是多样的统一，如果只有一物独存，必是孤阴或独阳，不能长久。国家存亡大事如此，生活中最常见最简单的婚姻，也是如此，近亲或同姓结合，其前途一定是同则不继。

“中道”，严格言之，是阴阳平衡。从数学角度言，是连续变化中的一个点，为时极短。中和则向前进了一步，中是中道，和是多样的统一，扩展了范围。在国外，和谐应用较多，顾名思义，又向前进了一步，将中字去掉，突出和的比重，例如在美学上提出了黄金分割（0.618）。以生命而论，阴阳平衡是中道，设其效果为100%，黄金分割时，其效果为94.4%，稍有下降，亦属准中。

中道是事物的最佳状态，不易掌握，和谐不是最佳而接近最佳，把握较易。因此，中道属于“阳春白雪”，和谐则偏“下里巴人”。

学问贵在创造，欲得创造，须有灵感。灵感是觉性与理性的交合，亦即无为与有为的相参。因此，为学欲得其深，应掌握无为法与有为法，行中庸之道。

十六　《易》与两种认知

《易经》的阴阳观亦适用于人类的认知领域，觉性（感觉、直觉）与理性（分析、综合）呈阴阳关系。在人群中，女子偏于觉性，男子偏于理性。

觉性的最高境界是，天人合一，主客泯灭。儒家的大学之道在明明德，尊德性而道问学，极高明而道中庸，其明德、德性、极高明均指人的灵性、灵觉。此灵性非日常生活所属，而须心田极净方得。佛家则言，定能生慧。定亦属心田极净之态，慧则为灵觉。道家则言，无为而不为。无为亦属心田极净之态，无不为则是无所不能，无所不知。

孔子视人有四等，生而知之，学而知之，困而学之，困而不学。生而知之即属灵觉层次，以此灵觉入世，必亲（音新）民，必止于至善。

孟子提出良知良能，不学而能，不虑而知，亦是极重觉与悟。重觉性，可谓中国传统文化的核心，认为一切皆由人兴，一切由人之觉知开始。山东省曲阜孔庙大门的对联是："先觉先知，为万古伦常立极；至诚至圣，与两间功化同流。"

佛家提出，一切唯觉，觉则知其然。今日以信息角度观之，仍然正确。

觉性含感觉、直觉（亦称妙觉），其变化范围甚大。最低，不觉；中等，感觉；高层，直觉。直觉亦称本觉，灵性，真心，自性清净心，如来藏心，妙明元心，无垢识（纯净心态的灵觉认知），佛性，明德，良知……

从义理言之，本觉即是：

$$ds/dt = 1 - 2t$$

$$= 1 - 2b$$

t　　为寿命

b　　为阳分

当 $b = 0$ 时

$$ds/ds = (ds/dt)_{max}$$

亦即当人之阳分为0时，其本觉最高。阳分的涵义为烦恼、躁动、执著……阳分为0意味心态完全纯净无杂，佛家的无垢识即是此义。

欲达此境，难度甚大，但欲得妙觉，舍此无路。

灵性、妙觉作为认知之基础，中国传统文化的三大派别，儒家、佛家和道家皆基于此。其中儒家偏于入世，佛家偏于出世，道家则融汇二者。儒释道三家的学说形成了整个中国的传统文化，其涵盖的领域遍于世间及出世间，在世界上形成了东方文化。

由觉性而致知，亦形成了中国以至东方的艺术体系。中国的艺术体系、美学思想重觉，重意，形成了“写意”、“意境”的美学理论，倡“外师造化，中得心源”。此与一对一的写实形成对照，究竟言之，中国的艺术观重形而上之道，轻形而下之器，常简为“文以载道”。

从《易经》的阴阳观言，觉性与理性本是阴阳关系，觉性属阴，理性属阳。阳从阴转化而来，觉主知其然，理则主知其所以然。觉与艺术门（感觉之学）天然相通，理则与科学门（规律之学）一脉相连。

从信息角度言，觉主捕捉信息，理则主梳理信息，得出规律。在世间层次，凡欲成事，必须阴阳相会，亦即觉性与理性并用。如偏颇，呈孤阴或孤阳状态，事必失败。

觉性与理性的阴阳关系，可用数理表示如下：

觉性，阴，以 a 表之

理性，阳，以 b 表之

则 $$a + b = 1$$

是故，觉性强时，理性弱；反之，亦然。由此可见，《易经·系辞》言，无思无为，寂然不动，感而遂通，亦是来自实践之言。生活中常见，艺术家常是数理方面较差，而科学家则恰恰相反，此属自然现象。

人的创造性来自灵感、生活体验。求解一事，思之，再思之，思之不得，而在无意的松弛中，茅塞顿开，此属灵感。从义理观之，灵感乃思维中阴阳之交合。思考、紧张属阳，不思考、松弛属阴，二者一旦交合，则生生不息，迸发灵感。由此观之，灵感不找懒汉，这种现象，生活中屡见不鲜。

人之一生教育为本，如何使学生获得觉性与理性两种认知的技能，而且善于动用二者的交合，是教育的终极目的。如果仅有一长，犹如人之两腿，一长一短，走路不稳，更难于快行。

世间两大学问，艺术与科学，习艺术者天然地偏于觉性，习科学者则天然地偏于理性，但二者互相影响，不可不察。艺术的创作与科学的发现，往往依赖于直觉，因直觉善于捕捉信息，而后加以理性梳理，此为人之认识的一般路径。

凡事能知其然，亦能知其所以然，谓之究竟。知其然往往靠觉，知其所以然，则是理性的功夫。是故，阴与阳的两种认知，全为上，偏则下。

十七 《易》与三层中道境界

生命的活动，大分有三个层次：

1. 世间；
2. 出世间；
3. 世间与出世间相交处。

"世间"与"出世间"本是佛家的用词，其形容甚是贴切，故，吸收之。

"世间"就是人世间，就是人的生活、工作以及与此相关的一切活动空间。简言之，乃人的生、长、壮、老、死的变化空间。

前已述及，《易经》以阴阳来概括一切，认为世间一切，万象森罗，变幻无穷，可以阴阳概括之。

事物的功能是变化的，是随着阴阳双方的变化而变化。事物功能变化的最佳状态，出现在阴阳双方平衡的时候，这一点叫做中道，是"生生不息"之道。

在世间层次，人们做任何事情，欲求其佳，应力达中道。"中道"与折中不同，中道是事物的阴阳双方达到平衡的状态，是自然的属性；而折中是，不论事物变化如何，主观硬性地认为阴阳双方是平等的。例如二人斗殴，不管哪个有理，各打五十大板。

“中道”是世间法的最胜境界，不可不求。“中道”也叫中庸之道，是中国传统文化的精华之一。

“出世间”是人净心状态的境界，与儒释道三家的觉悟、智慧相关。大觉大悟、大智大慧的出现，不是用心思虑的结果，而是净心、亡言、绝虑的产物。这一点与世间法完全不同，世间法皆思而为之，以知识沟通主客双方，而出世间法则是以净心泯灭主客双方。世间法是有我，出世间法则是无我。有我是人世凡间，在相对境界徘徊；无我则是圣界，在绝对境界散步。世间法是求知，出世间法则是亡知，真知乃无知，而无不知。这种求知的方法，是中国人做学问做到深处常用的无为法。无为与有为相对，无为偏于内求，有为偏于外求，内求与外求亦相对。出世间法偏于无为、内求，内求什么？内求觉悟、智慧。佛家言，定能生慧，定须一心清净，慧则是灵觉弥漫。道家言，无为而无不为。儒家言，知止而后有定，定而后能静，静而后能安，安而后能虑，虑而后能得。三家的用词不同，内涵一致。

佛家净心到极点谓定，也叫涅槃，圆正之因，无上般若（梵语，中文智慧），至极之果，唯有涅槃。定能生慧是灵性的提高，提高到一定程度，时空消失（前面有论，不再重复），天人合一，物我一体，这是人类认知的最高境界。李时珍言，内景隧道，唯返观者能照察之。返观就是以灵觉观察自身的经络情况。

出世间法与世间法不同，前者是主客合一，后者则是主客分离。不言而喻，欲达主客合一，是相当难的，但它却是存在的，佛家称之为“观自在”。

唐代禅宗第六代祖师惠能对于净界（出世间）的觉悟问题，有一系列的言论，如“我此法门，以定慧为本，定是慧之体，慧是定之用”。定是净心到极点的状态，慧则是以灵觉观照。又言，“定慧等持，双修是正，即定之时，慧在定；即慧之时，定在慧”。大觉大悟出自定慧等持、平衡、和谐，亦即中道境界。只定不慧，偏于空、无；只慧不定，则偏于散、放，不能达大觉大悟。是故，欲达高而不可思议的大觉境界，须定慧等持，圆融不二。

世间与出世间相交处：

世间主用有为法，阴阳，对立，分别……出世间主用无为法，无分别，阴阳泯灭，对立消失。有为法在于为事，无为法则在于求灵。做学问，无为有为须并用。定能生慧是灵性的提高，属无为法。阴阳和谐是理性的升华，属有为法。儒家称此为，极高明而道中庸。

宋代张载言：“为天地立心，为生民立命，为往圣继绝学，为万世开太平。”何谓为天地立心？当天人合一之时，物我一体，人心即是天地之心，中国传统文化视此为得道，佛家则称此为真如实相，用词不同，内涵一致。

从认知角度言，无为的极点是无思无为，一片清净，亦即无知，无知状态下，觉性升高，而又无不觉、无不知，亦即以无知之般若，照彼无相之真谛，真谛无兔马之遗，般若有无穷之鉴，所以，会而不差，当而无非。简言之，真知乃无知，而无不知。此与有为法恰恰相反，而更上一层，达到天人合一，从世间升至出世间，从染界升至净界，从相对境界升至绝对境界，以至无所不知。

净心境界属于觉悟、智慧、信息层次，在中国文化史上对此一直重视，如《尚书》“人心惟危，道心惟微，惟精惟一，允执厥中”。孔子言，“吾道一以贯之”。孟子则言，夫道，一而已矣。这里的一，是“无分别”，“无分别”的心态灵性高。王阳明把灵觉、智慧叫做良知，言良知是做学问的大头脑，虚灵不昧的妙体。灵觉、智慧、一、良知……名称不同，实质一个，就是净心，定能生慧。这一点，儒释道三家是一致的。可见，人欲致灵，净心极端重要。但是，做事必须用心，必须有为，必须分别，故，无为与有为，净心与用心（染），无分别与有分别，必须合参，做到佳处，则是行于染净之间，不显痕迹，处于中而不二。中国传统文化其高层次是，绝对境“一”与相对境“二”的合参。因此，智者常染净相交，慧（智慧）识（知识）圆融，行于中道不二的境界。此境界即《中庸》所言：“尊德性而道问学；致广大而尽精微；极高明而道中庸。”这一点，可以说是中华民族立于世界民族之林的文化灵魂，是形而上之道。

十八　佛学要义的现代认识

欲解如来（佛）密，应修深三昧，这是佛经上常常提到的事。

“三昧”，为梵文 Samadhi，中文直译为“三昧”或“三摩地”，其意为“定”，“深三昧”即为“深定”。

《坛经》言：“诸佛世尊，唯以一大事因缘故，出现于世。”一大事者佛之知见也。

《法华经》亦载：“佛陀出世间，为大事因缘，令众人佛智，成就妙法身。”

佛的知见是什么？现代语言，是无分别智；众生知见，是有分别智。从哲学角度看，无分别智是绝对境界的事，主客合一，心物一体，中国文化称之为“天人合一”，是认知之极致；有分别智是相对境界的事，主客二分。心物对立，认知受对立的制约。

关于无分别智，《成唯识论》（玄奘译）中有较详细的叙述，言：“此智（指无分别智）远离能取（主观）所取（客观），故说无得及不（可）思议，或离戏论（指相对界的论述，佛家称之为世俗谛、戏论），说为无得。

妙用难测，名不（可）思议。

是出世间无分别智。

断世间故，名出世间。

二取（指主观与客观）随眠（起伏），为世间本，唯此能断（将主观与客观断灭），独得出名。”

无分别智的出现，是应用无为法的结果。中国的儒释道三家在无为法方面建树颇多，例如，佛家的无上菩提（菩提是梵音，中文意为觉悟、智慧）、梵我同一；儒家的天人合一；道家的生道合一，均是从相对境界进入绝对境界的状态，超越了时空制约，在世界文化史上是罕见的。达到这一步，必须应用无为法，亦即内修的功夫，不是读书、学习等外求的功夫所能达到的。简言之，觉性、智慧是内求，自出，亦称内学；理性、知识则为外求，他人，亦称外学。

在现代社会，无为法多隐含在宗教中，静（净）默，虔诚，向善……久之，觉性升高，再与理性结合，常能结出硕果。例如，2002 年 6 月 29 日中国的《人民政协报》载，诺贝尔奖创于 1900 年，1901 年开始颁发，该报统计到 1996 年，共发 639 人，其中 21 人不信教，占 3%，其余 97% 皆信奉宗教。应该说，这是科学界的前沿领域，具有一定的代表性。

佛学的无分别智偏于觉性，佛学不重理性，不重分别，不重相对。中国的《易经》思维则二者皆重，认为觉性属阴，理性属阳。二者合之，阴阳和谐，凡事皆胜；否则，阴阳离决，多有败绩。

本文抛开思维中的理性部分，专述觉性。

觉性的变化范围很大，低层，不觉；中层，感觉；高层，大觉，灵觉，圆觉，本觉，真如，如来，自性，本性，清净心，如来藏心，无垢识，根本智，自然智，无碍智，一切智，涅槃，德性，良知……可简称为无上菩提。

儒家的“正心”，“明德”；老子的“无为而无不为”；庄子的“坐忘”，“心斋”与此同义。

现代认识，无分别智属觉性，智慧，不同于理性、知识。

欲达大觉，须行无为法，净心内修，或称开发智慧。

在生活中，智慧、知识常混，究其质，知识是以往认识的积累，智慧则是未来认识的开启。知识可以传授，中国文化称之为“传道，授业，解惑”，可以编书，讲授；智慧则否，无法传授，需要自出，人类之创造，全赖于此。

孔夫子指出：“生而知之，学而知之，困而学之，困而不学。”生而知之是不学而知，属于觉性，当修心养性做到清心寡欲，会自然出现。下面以图像辅助说明内修的机制：

图中符号

阴分	a	
阳分	b	
生命	s	
	s_{max}	生命最高值
寿命	t	
	$t=0$	生时
	$t=1$	死时
灵性	ds/dt	
	$+ds/dt$	灵性
	$-ds/dt$	顿性

数理演示，前已述，略。

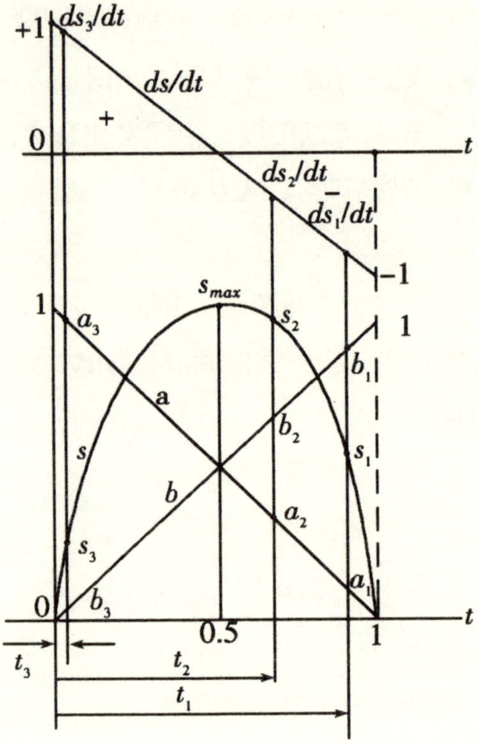

依图叙之，假定：某人其生命为 s_1，阴分为 a_1，阳分为 b_1，寿命为 t_1，灵性为 ds_1/dt。由此状态开始内修，向无思无为的方向进展，亦即降阳。

再假定：阳分从 b_1 降到 b_2，于是阴分从 a_1 升至 a_2，生命力从 s_1 升至 s_2，寿命从 t_1 降至 t_2，灵性则从 ds_1/dt 升至 ds_2/dt。总的效果是，生命力上升了，寿命倒退了，亦即年龄减小了，灵性上升了，带来了返老还童，自然地出现身健，病退，寿延。这种情况，属于修持的低层次，亦即养生。

更近一步，阳分从 b_2 降至 b_3，，阴分从 a_2 升至 a_3，生命力则从 s_2 降至 s_3，寿命从 t_2 降至 t_3，灵性则从 ds_2/dt 升到 ds_3/dt。这是婴幼状态，气功家称此为胎息，灵性极高，称为“元神”；儒家称之为“德性”；佛家称之为“慧”，定能生慧，慧无不达；道家称之为“无为而无不为”。这种状态，人的觉悟大增，智慧大显，《华严经》称之为自然智，无碍智，一切智，简为根本智，这是修持的高层次，属于开智。

由图可以看出，阴阳平衡时生命力最高，$s = s_{max}$，寿命 $t = 0.5$，恰是中年，此谓中庸之道，是生命的最佳状态，推延之，万事万物概莫能外，这是中国《易经》的核心之一。阴阳平衡，生生不息，由此可见。

修持对人的生理有直接影响，能够返青与延寿，这也是众生关怀的事情，为了有直观感受，以图像示之如下：

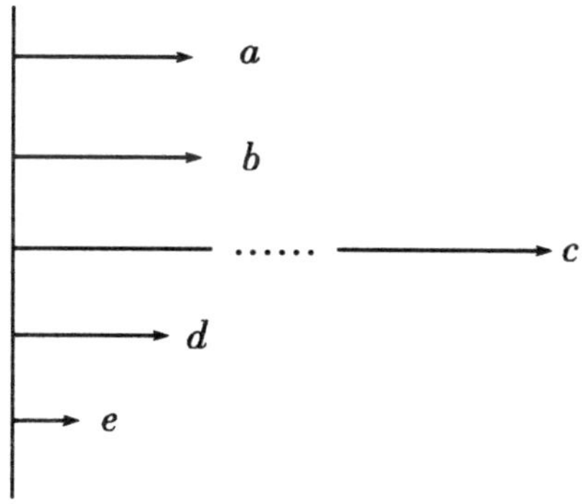

图中 *a*—自然时间

b—常人生理时间，自然时钟转动一年，常人生理时钟也转动一年，自然时钟与生理时钟同步。

c—焦灼不安之人的生理时间，例如中国京剧伍子胥过昭关，遇到阻难，一夜白了须发，意味其生理时钟加速，一夜之内转动的时间跨距，相当于自然时钟转动了若干年。

d—心绪达观者的生理时间，心情舒畅，生理时钟转动减速，相对而言，自然时钟的转速高于生理时钟，自然时间走过了一年，生理时间小于一年，生理年龄小于社会年龄。

e—修持有素者的生理时间，由于其阳分降低甚剧，其生理时钟转速极低或几乎停转，唐代慧昭和尚（见《名人大辞典》）即属此例，290 岁还在世，后迁他寺，记载中断，终年不详。在日常生活中，由修炼而变年轻者，也不少见。修炼深者，常常做功时间很长，而在自我感觉上，不过很短的一瞬。其原因在于自身的生理时钟几乎停转，而自然时钟照常运转，二者有差。

内修反映在寿命（年龄）t 上，呈倒退趋势，亦即修持愈深，年龄愈来愈小，由某一值 t_1 向 $t = 0$ 的方向移动

当寿命 $t = 0$ 时

则生命 $s = t - t^2$

$= 0$

而灵性 $ds/dt = 1 - 2t$

$= 1$

在人的生命周期（$0 < t < 1$）之内，灵性达到了最高。佛家语言，灵性就是灵觉，亦称菩提，达此灵性，人的灵觉弥漫全部虚空，无处不在，无境不照，呈现了“梵我同一”。佛家常用法身满虚空来形容，法身者，其本原即为灵性（ds/dt）。

法身如何能满虚空?

修炼是提高灵性的过程，当人的灵性高到一定程度，距离（l）的因素将自然消失，亦即

距离 $l = 0$

由于距离为 0，故时间也自然为 0

$t = 0$

由此可得

空间 $l^3 = 0$

时间 $t=0$

空间为宇，时间为宙，故

$$宇=0$$

$$宙=0$$

宇宙本是无限的，但在大觉者面前，不复存在了。这种情况，中国文化称为“天人合一”。宋代学者陆象山言，“吾心即宇宙，宇宙即吾心”，即是指此。

佛家称此为“梵我同一”。

我（ATHMAN）＝梵（BRANMAN）

梵的涵义是大千世界，其意，我即大千世界，我无所不在，无所不包。佛家认为，这是人对宇宙最深刻的洞察，是灵性（觉性）的至高境界。这种境界亦称为“禅境”，“开悟”。也有称为“证入”，其意是，人的直觉进入物中，物即人，人即物，物我合一，人境合一，主客合一，亲感亲验，一切皆在觉中。

这种境界，如果用哲学语言，应该称为绝对境界，而非相对境界了。至此可言，深修者之成果，其觉其知，远在常人之上。

中国老子《道德经》也有言：“为学日益，为道日损，损之又损，以至无为，无为而无不为。”为学日益，指学习知识，会带来益处，所学愈多，获益愈大。相反，为道日损，这里为道指修炼、修心养性，通俗言之，做气功亦是。气功本身属无为法，气功欲奏效，进入上层境界，必须净心。所谓净心，是把一切思虑、知见、分别意识清除干净，心愈净，愈能进入上层；反之，则难。是故，老子提出，“为道日损，损之又损，以至无为，无为而无不为”。老子的这番话，不明静修的人，无法体会，甚至误认为老子所言，是愚民政策。中国道家修行的高境是，“无思无为，寂然不动，感而遂通天下之故”；“不疾而速，不行而至”；“不出户，知天下，不窥牖，见天道”。

对于法身，中国的儒道两家亦有认识，例如，孟子言，“所过者，化；所存者，神；上下与天地同流”。老子则言，“不失其所者，久；死而不亡者，寿”（《道德经》三十三章）。

净心内修，向大觉的方向进展，当修至涅槃境或圆寂境，人的物质肉身及精神境界发生变化。

圆寂一词，俗解为死。其本义，圆者，功德圆满；寂者，烦恼寂灭，因为

生命 $s = 0$

灵性 $ds/dt = 1$

可依俗，将生命解为灭，但深修者在此态灵性未灭，不但未灭，其觉知之高达到了常人生命周期之内的最高限。

深修者灵性 $ds/dt = 1$

常人寿终时其灵性 $ds/dt = -1$

二者相比，天地之差，故可继续内修，寿命 t 将继续减小，以至

$t =$ 负值

t 一旦为负，则生命遂即变化

生命 $s = -t - (-t)^2$

$= -t - t^2$

亦即生命由正转为负

于是

$$
\begin{aligned}
\text{灵性}\quad ds/dt &= 1 - 2(-t) \\
&= 1 + 2t \\
&> 1
\end{aligned}
$$

灵性大于 1，亦即灵性超越了常人灵性的最高限（$ds/dt = 1$）。西方哲人苏格拉底在 2500 年前指出，人的纯知是在死后，不在生前，此与佛家的深定灵性反高于常人相合。

生命由正转为负，这是数学语言，其涵义是，由有形可见之生命肉体转化为无形可察的虚幻化身，但灵性犹在，亦即存在感应。感应者，属信息范畴，犹如虚空中之信息波，看不见，有感觉，俗谓之“神”。中国造字，神者乃伸出衣外之谓也，此属感应。

灵性者，中国的儒释道三家皆认为宇宙万有从灵性而起，为万有之基，佛家尤为重视，称为第一义。《坛经》言：“能善分别诸法相，于第一义而不动。”第一义即为灵性，灵觉，菩提。中国禅宗第六代祖师惠能特别指出：“佛法在世间，不离世间觉，离世觅菩提，恰如求兔角。”

人类文化的发展也昭示，人的认识是从感觉开始，如何将感觉的灵敏度提高，是一项重大的人生问题，对此，国外个别大学新开了一门专业——认知学，就是想在觉性方面做文章。

按佛经载，释迦牟尼临灭度时，弟子哭泣，释尊告之，我的真正生命是法身，不是形躯，形躯无常，法身却永恒，不生不灭（英文版《大乘无量寿经》，伦敦大学图书馆藏）。

世间常人之见，圆寂即死，人死万事休。从修者视之，此见不全，这个问题，在佛教历史上一直持有与世俗不同的观点。

由于生命退至 $-t$

所以阴分 $a=1-(-t)$

$=1+t$

随着 t 之绝对值的增加，阴分永为正值

而阳分 $b=t$

$=-t$

至此，阳分转为负，阳分一旦为负，意味阳分变性。常人生命状态，其阳分本为消耗的性质，由于变性，阳分由消耗转为供应。

常人生命状态，阴分的性质是供应，阳分的性质是消耗。随着修者定的加深，寿命 t 发生变化，t 由正值减小至 0，由于 t 是连续变化的量，不停顿，继续向减小的方向变化，于是再由 0 减小至负，因而对阴阳带来了变化。随着 t 之绝对值的增加，阴分转为递增（$a=1+t$），但性质不变，仍为供应；而阳分也转为递增（$b=-t$），性质发生变化，由消耗转为供应。由此带来的结果是，生命状态出现了逆转，即

t 为负值

阴分 $a=1+t$

阳分 $b=-t$

生命 $s=a\times b$

$=(1+t)(-t)$

$=-t-t^2$

生命逆转至出生（$t=0$）之前，变为负性，亦即转为虚幻，其虚幻之体永不消散。换言之，退至出生之前，即是未生，由于未生，当然不灭，其寿无量。虚幻之体仍为生命，其阴分为供，其阳分亦为供，是故万古不坏，

其寿亦是无量。

如果将具负生命正灵性的虚体当做一个人来看待，那么此人永远存在，没有老死之说，这一点是法身与常人肉身不同的地方。常人的生命有生有灭，而法身永存，不生不灭。

佛家修习其终极关怀，大分有二：其一，了脱生死，进入不生不灭，亦即法身永存，此称出世；其二，入涅槃出涅槃，回向世间，与众生共度，这是大乘佛学的核心。大乘者，意为大车乘载众生，共同前进，亦称入世。

从社会角度看，出世偏于个人，入世则属众化，佛教从小乘演变到大乘也是这样的趋势。

中国禅宗的突出特点是，唯论见性（智慧），不论禅定解脱。解脱者，其俗意为，常伸两腿卧，万事不关心。其极义为，跳出相对进入绝对，从“二”进入“一”，从有限进入无限，从不自在进入自在。认为佛法在世间，不离世间觉，分别一切相，第一义不动。这是禅宗第六代祖师惠能的见识。他还特别指出，识自本心（智慧心），和光同尘，广学多闻，不可沉空守寂。

历史进展到现代，中国禅宗又提出生活禅，觉悟人生，奉献人生，性在行中。可谓凡益之道，与时偕行。

当代的佛教界代表人物如太虚、净慧、赵朴初等，均提出“人间佛教”、“人间净土”。这是佛教从重出世向亦重入世的大转变。特别是太虚提出“佛教现代化”，更具代表性。从《易经》思维角度看，人的完整认识是主观与客观共同的作用。纯主观是觉性，纯客观是理性，二者合之，构成认识。小合，小认识；中合，中认识；大合，大认识。

佛家重觉，涅槃是觉性路上的最高峰，登之甚难，难到被视为绝学。一旦登上，则是会当凌绝顶，一览阴阳清。明代大儒王阳明言，悟后六经（《易》、《诗》、《书》、《礼》、《乐》、《春秋》）无一字，静余孤月湛虚明。宋代学者陆象山则言，心外无理，六经注我。

何谓第一义？这是佛家修习所达的最高境界，亦即灵知、灵觉。前面已述，当灵性接近或达到 1（$ds/dt = 1$）时，时空皆为 0，此时自然即我，我即自然，佛家语言是梵我同一；哲学语言是绝对境界，主客合一，心物一体。这种状态，常人是绝然不能及的。以此心灵入世为事，当然是自觉，觉他，觉行圆满。所以，佛学者，智慧之学也，非知识之学。对此，儒家亦有认识，例如《中庸》言："喜怒哀乐之未发，谓之中（觉于内）；发而皆中节谓之和（行于外）；中也者，天下之大本也；和也者，天下之达道也；致中和，天地位焉，万物育焉。"

智慧者，书不载，师难授，而心自备。虽自备，常为尘杂蒙蔽，而不能出，欲其出，须除尘污，使心净无染，则灵觉自涌，此即智慧。《坛经》则以定慧比喻，定是体，慧是用；定是灯，慧是光，定慧一体，不是二。

佛家经长期的深修之后发现，人世间是诸行无常、生灭不已的世界，是相对世界。而涅槃（亦作圆寂）之后的情况发生变化，由生灭不已进入不生不灭，就称为绝对世界了。但一般人做不到，必须经过深度的修持，或入深无为，深三昧，方有可能。一旦进入绝对世界，其灵性不但不降，反而升高，佛家称此为无上菩提，无上者，没有上限。这个问题，没有深湛内学（内修）的人，是难以体会的，因为常人未入涅槃，没有亲验；而深修者，灵性极高，能察虚实，甚至察"无"，"无"者，指常人不能察，而认为无。

智慧，梵文作"般若"Prajna，例如，《般若波罗蜜多心经》言："三世（过去，现在，未来）诸佛，依般若波罗蜜多故，得阿耨多罗三藐三菩提（中文译为无上正等正觉）。"《大般若经》言，"般若本摄一切法尽"。《肇论》则言，"不得般若，不见真谛"。真谛者，世间解为真理，佛学的真理是什么？曰，三法印：

1. 诸法无我，缘起性空

"法"指事物，一切一切，本来没有，其生其灭皆由缘起，此与世间的进化论不同。

2. 诸行无常，因缘变化

一切一切皆处在变化之中，此与中国《易经》思维雷同。

3. 涅槃寂静，无上菩提

深修者由世相分别进入世相寂灭，谓之涅槃，灵性达到了最高，$ds/dt = 1$。以此灵性观照一切，可得诸法实相，亦谓之实相慧。

《易经》是一部入世的经典，言，“圣人感人心而天下和平”。其圣人应是帝王之属，回顾历史，多是家传天下，少有圣人，应该说，这是历史的悲哀。

佛学的核心在慧，致慧必须心净，心净又必须远离恶趣，崇尚善道，是故，佛家将“众善奉行，诸恶不为，自净其意”奉为圭臬。在日常生活中，时刻谨守“有心为善，虽善不赏”。所谓有心，是让他人表扬；不是同体大悲，无缘大慈。佛家修习到高层，是梵我同一，智悲双运。通俗地讲，是主体与客体合一，他人苦，我也苦，他人乐，我也乐。这是完美高尚的人格，高山仰止，景行行止。世间的道德观即来自于此。

《大乘起信论》言，一心开二门，二门者，生灭门、真如门。生灭门是相对世界，真如门则为绝对世界，二门相融不相离。生灭门的极致在，阴阳和谐，生生不息，为《易经》所主；真如门则是，了脱生死，进入不生不灭，而臻无上菩提，为佛学所重。

为简明起见，将佛学与《易经》作一比较：

佛：阴阳合，1，绝对界，无时空，主客一，难立文学，物为心役。

易：阴阳和，2，相对界，有时空，主客二，可立文学，心为物役。

二门相融的典型当属《中庸》，例如：

尊德性而道问学
致广大而尽精微
极高明而道中庸

尊德性、致广大、极高明偏于绝对境界，可简为“一”；道问学、尽精微、道中庸则偏于相对境界，可简为“二”；“一”与“二”的合参，可谓中国文化之灵魂。这一点，在世界文化史上亦是少有的。不言而喻，欲做到这一点，对人的修养要求极高。

关于不生不灭，老子《道德经》中也有叙述，如“天地所以能长且久者，以其不自生，故能长生”（7 章）；“吾所以有大患者，为吾有身，及吾无身，吾有何患”（13 章）。所以，欲不灭，须不生；有生则一定有灭。西方哲人亚里士多德也认为，不出生才是最好选择。

阅者可能会问，人的寿命（年龄）能转为负吗？寿命的本质是时间，从宇宙角度看，时间无始无终，正负问题是依常人生命而有，生命开始时，人为地定为 0（$t=0$），生命结束时，定为 1（$t=1$）。人正常死后，时间向增加的方向，无限延长。人的修持，假定从某一年龄 t_1 开始，t_1 一定是 $0<t_1<1$。由前述可知，从时间角度看，修持愈深，年龄愈向嫩化的方向移动，亦即从 t_1 开始，向 $t=0$ 的方向移动，修至涅槃（圆寂），到达 $t=0$。这一点，常人视为死，佛家称为涅槃。《坛经》对涅槃的形容是，“无上大涅槃，圆明常寂照”。

《心经》则言：“……无挂碍故，无有恐怖，远离颠倒梦想，究竟涅槃。”涅槃是修持深层的一个转折点，从菩提进入无上菩提。从时间视之，经过 $t=0$ 这一点，继续向反方向延伸，于是出现 $t=$负值的问题，常人则无此变化。

为了直观，将上述变化的过程绘出图像如下：

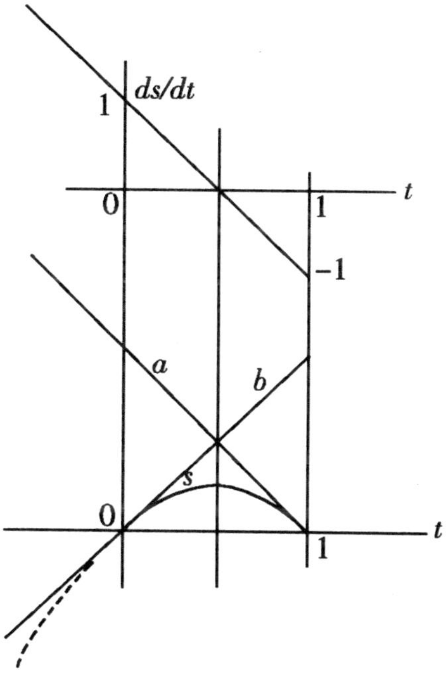

图中 s 表示生命，生命在人的中年最高。由于修持，在生理方面发生变化，阳降而阴升，在图上即是 b 降，a 升。生命 s 向 $t=0$ 方向移动，一旦移到 $s=0$，即为涅槃（圆寂），这时灵性最高，达到 $ds/dt=1$。从修持角度看，进入大觉、圆觉层次。圆觉者，无所不觉，灵明觉知一切，佛家称此为佛之境界。《成唯识论》（玄奘译）对于佛之境界，以诗的形式作了描述："如来无垢识（无垢识指心净之灵知、灵觉），是净无漏界（无漏指纯净无杂），解脱一切障（障指杂念），圆镜智相应（圆镜智指灵觉如同球形之镜，无所不照，亦即第一义）。"

随着修持的继续加深，寿命由 $t=0$ 进至 $t<0$ 值，生命 s 也随着转为负，进入虚幻状态，此时灵性再度升高，$ds/dt>1$，到达无上菩提领域，亦称无上正等正觉，梵音是阿耨多罗三藐三菩提。《心经》形容"深三昧"所能达到的觉性是"大神"，"大明"，"无上"，"无等等"，其觉性之高，无法以等级衡量。

中国传统文化对此，视为人之超化，进入神明之域，可称之为“神”，佛家则认为是“法身”。这一点与西方文化不同，不认为神是上天固有，也不认为神是上帝，更不认为世间一切是上帝所造，而是先有自然界，后有万物和人类。中国的“神”是人的修炼，圆寂，超化，成为虚体，具有信息感应，仍为生命现象。

十九　佛学心经

佛家的《般若波罗蜜多心经》是梵文《大般若经》600 卷的浓缩品，共 260 字。内涉：“五蕴皆空”；“色不异空，空不异色，色即是空，空即是色”；“是诸法空相，不生不灭，不垢不净，不增不减”；“无智无得”；“涅槃”；“无上正等正觉”（梵文音为“阿耨多罗三藐三菩提”）；“大神”、“大明”；“无上”；“无等等”。

佛学的核心在“觉”、“智慧”，也称无分别智，不属思维、知识。

本文只限　$0 < t < 1$　这一段，

$$\left.\begin{array}{l} t < 0 \\ \\ t > 1 \end{array}\right\}\text{两段不叙}$$

为了叙述方便，借助图像辅助，并加文字说明。

心经是修炼高层的知见，在涅槃态下活动，不是常人的生活态，例如“无住生心”，“定慧不二”，皆是超觉状态，非常人所能测度。

由于佛学与修炼不分，必须了解“修”的机制，其变化内涵均以图像表之。图中的数理演示，前已述，略。

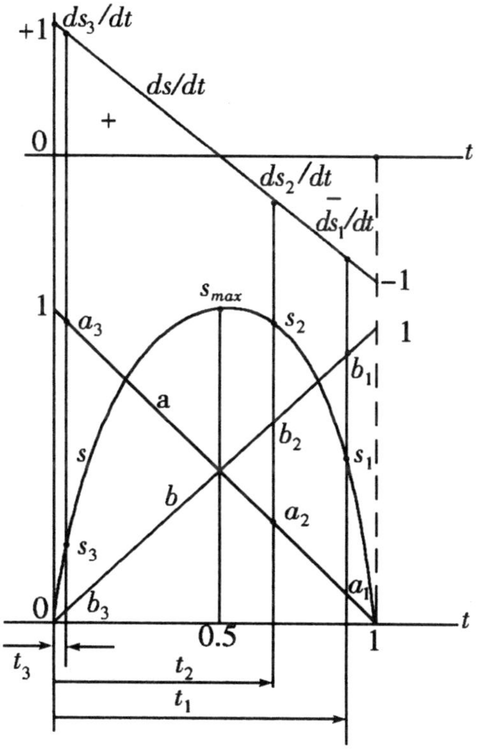

图中符号

阴分	a
阳分	b
生命	s

生命最高值 s_{max}

寿命 t

$t=0$ 生时

$t-1$ 死时

灵性 ds/dt

$+ds/dt$ 灵性

$-ds/dt$ 顿性

依图叙之，假定，某人其生命为 s_1，阴为 a_1，阳为 b_1，寿命为 t_1，灵性为 ds_1/dt，由此状态开始修炼，向无思无为的方向进展，亦即降阳。

再假定：阳分从 b_1 降至于 b_2，于是阴分 a_1 升至 a_2，生命力即从 s_1 升至 s_2，寿命从 t_1 降至 t_2，灵性则从 ds_1/dt 升至 ds_2/dt。总的效果是，生命力上升了，寿命倒退了，灵性亦上升了，带来了返老还童，自然地出现身健、病退、寿延，这种情况属于修炼的低层次，亦即养生。

更进一步，阳分从 b_2 降至 b_3，阴分从 a_2 升至 a_3，生命力则从 s_2 降至 s_3，寿命从 t_2 降至 t_3，灵性则从 ds_2/dt 升至 ds_3/dt。这是婴幼的状态，气功家称此为胎息，灵性极高，气功家称之为元神；儒家称之为德性；佛家称之为定能生慧；道家称之为无为而无不为。这种状态，人的觉悟大增，智慧大显，是修炼的高层次，属于开智。

由图可以看出，阴阳平衡时生命力 s_{max} 最高，恰是中道，或言中庸之道，这是生命的最佳状态，推延之，世间万事万物，概莫能外。

当人的灵性（即觉性）升到一定程度，距离的因素会自然消失，亦即

距离 $l=0$

由于距离为 0，时间也自然为 0

$\therefore \quad t=0$

由此可得

空间 $l^3=0$

时间 $t=0$

空间为宇，时间为宙，故

宇 $=0$

宙 $=0$

由此可见，行无为法修炼，可致大觉，大智慧，高灵性（$ds/dt=1$），

以致宇宙湮灭。进入此境，相对消失，绝对现前。五蕴（色、受、想、行、识）者，物质精神之总称，属于万有之内，万有皆承载于宇宙，载器既无，五蕴随之消失，亦即五蕴皆空。

修至灵极（$b=0$，$ds/dt=1$），即是涅槃，蓄灵最高，但不用，为法身态。一旦起用，亦即阳分 $b=0$，灵性 $ds/dt=1$，菩提出现，此即涅槃菩提双证，为报身态。此为中道，亦即定慧不二，灵用一体。觉性普现，此为大觉境，大智境，为修者所独有，常人不具。

涅槃菩提即是“无住生心”。涅槃是“无住”，$b=0$，$ds/dt=1$。“生心”是起用，$b=0$，$ds/dt=1$。

涅槃菩提也是“定慧不二”。“定”是“涅槃”，$b=0$，$ds/dt=1$。“慧”是，“生心”，“起用”，$b=0$，$ds/dt=1$。

心经原文“色不异空，空不异色；色即是空，空即是色”。空者，涅槃，法身，灵极；色者，生心，起用，报身，灵用。空为体，色为用；体不离用，用不离体，相辅成事，是故色空不二。

由于空为有之体，定为慧之基，故“是诸法空相，不生不灭，不垢不净，不增不减”。亦因此，“无智无得”，出现“涅槃”。其核心在“空”，空，万有之基；空，涅槃之门。毕竟空，胜义有。毕竟空中无尽藏，有花有月有楼台，真空而妙有。心经重“空”，愈“空”，灵性愈高，故能涵摄一切。但纯空，不有，是偏，非佛法。简言之，纯空，是死人一个。反之，纯有，慧上加慧，进入狂慧，是凡夫俗子。《金刚经》言“无住生心”，《坛经》言“定慧不二”，是修炼的至理名言，是涅槃境界之知见，非平常境界。是故，众生不应以常人生活，解佛之知见。常人处相对境界，圣人则是绝对境界。相对境界有时空，绝对境界则无。相对境界是主客二分，心物对立；绝对境界则是主客合一，心物一体。之所以如此，源于大智大慧。由主客合一，必然万物一体；人际之间，必然同体大悲，无缘大慈。人苦，我苦；人乐，我乐，臻完美高尚之人格。

心经文短，义深，可概括为，智悲双运。其大无外，其小无内，发轫万有，获大自在。

由涅槃（$b = 0$，$ds/dt = 1$）起用，而致菩提（$b = 0$，$ds/dt = 1$），则臻“无上正等正觉”。无上者，其高无限；正等者，平等义；正觉者，遍觉义。其核心涵义是，遍觉一切，遍知一切。因而获得极高的赞叹，“大神”，“大明”，“无上”，“无等等”。品其义，此乃人类至高无上的大觉悟、大智慧。这是“根本智”，依无为而有，远超“后得智”，常人学习，不能得。

附：

般若波罗蜜多心经

观自在菩萨行深般若波罗蜜多时，照见五蕴皆空，度一切苦厄。

舍利子，色不异空，空不异色，色即是空，空即是色。受想行识亦复如是。

舍利子，是诸法空相，不生不灭，不垢不净，不增不减。是故，空中无色，无受想行识。无眼耳鼻舌身意，无色声音香味触法。无眼界，乃至无意识界。无无明，亦无无明尽。乃至无老死，亦无老死尽。无苦集灭道，无智亦无得。以无所得故，菩提萨埵依般若波罗蜜多故，心无挂碍，无挂碍故，无有恐怖，远离颠倒梦想，究竟涅槃。

三世诸佛依般若波罗蜜多故，得阿耨多罗三藐三菩提。故知，般若波罗蜜多是大神咒，是大明咒，是无上咒，是无等等咒。能除一切苦，真实不虚。故说般若波罗蜜多咒，即说咒曰：

揭谛，揭谛，波罗揭谛

波罗僧揭谛，菩提萨波诃。

二十　儒学心经

儒家《心经》共十六字——“人心惟危，道心惟微，惟精惟一，允执厥中”，出自《尚书·大禹谟》。其核心是，人心不好，道心太少，欲登高境，必须进入无分别“一”的境界，而应对实际生活，又必须实行中庸之道，亦即阴阳和谐，可简为“二”。这一点，可谓中华文化之真血脉，真精神。

在中国历史上，周代最长，840 年，最后灭在“弃和取同”。鉴于此，历史总结，“和实生物，同则不继”。

儒家的“一”，相当于佛家的“空”、“定”、“觉”。例如《中庸》言：“喜怒哀乐之未发，谓之中（觉于内）；发而皆中节，谓之和（行于外）。中也者，天下之大本也；和也者，天下之达道也。致中和，天地位焉，万物育焉。”

佛儒相比，佛偏于觉悟、智慧，显在外，而密于内；儒既重空、定、觉，又重知识、实用。《中庸》的行文具代表性：

尊德性而道问学，
致广大而尽精微，
极高明而道中庸。

由此可见，智慧与知识之间是源流关系。

二十一　中华文化之源流

中华文化以儒释道三家为主脉，儒重“一”与“中”，可以概括为“一”与“二”之合参。佛重定慧不二，偏于无分别“一”。道重“无为而无不为”，也偏于无分别“一”。是故，中华文化其源头在“一”，其流脉在“二”。关于这一点，老子在《道德经》中有连贯性的表述：“道（自然义）生一（无分别义），一生二（有分别义），二生三（多义）……”《易经》是一部阴阳二性的入世经典，是中华文化的主脉。

易经行文古奥难懂，但可概括如下：

阴阳和则生

阴阳离则灭

阴阳错则变

阴阳平则住

把握阴阳则统御整体

历史进至现代，继往开来，社会进步，皆依创造，如何创？仍不离阴阳。综览古今中外，已可判定：智慧（阴，自出）孤，无成；知识（阳，外入）孤，成小；智慧与知识合，成大。此理，可谓万古不易。

第三章　象数本义及其致用

一　象数的概念

象数与义理乃《易经》之两翼，比翼翱翔，相辅相成。究竟言之，观象重在觉性，觉性乃人类以至生物界之生理本能，属先天秉授。大千世界，森罗万象，千变万化，如何把握其基本的、共同的变化规律，《易经》卦象（象数）可以为之。

卦象是以觉立象，以象示变，以变制行。

《易经》之象数其涵义有二，一象，二数。象指意象，是人观察事物在大脑意识中产生的形象，这个形象已不是具体的物象，不是一把椅子，也不是一个人，而是在意识中产生的带有抽象性的形象，把它叫做意象较为合适。数，是意象变化的量度，比如人，其少年的意象与老年的意象是不同的，少年与老年在年龄的量度上亦是不同的，《易经》用数来反映这个量度。

象数与义理不同，象数偏于用形象来表达事物的状态。事物是变化的，每变化到一定程度其形象亦不同，亦即其象不同，象的背后隐涵着一个程度的变化，亦即量度，亦就是数。

义理则不然，是脱去形象，只看骨子里隐藏着的规律的变化。这个规律看不见，摸不着，却能感觉到，因此，它是无形的、抽象的、内在的。

古人对什么是义理，什么是象数，不加解释，要自己去体会。由于每个人的禀赋不同，体会亦异，但其基本内涵是不能变的。

《易经》的观察方法不是就事论事，不是针对具体事物，不是个别性、特殊性，而是共同性、普遍性，所谓智者察同，《易经》走的是这条道路。《易经》的象数是这样，《易经》的义理更是这样。虽然如此，象数与义理二者还有不同，其不同在于，象数是偏于以象论事，而义理则偏于以理论事，以象论事的观察方法偏于觉性、艺术性，而以理论事则偏于理性、科学性。

下面把象数的内涵书写出来。

二　两　仪

阴阳称为两仪，其象分别用符号表示：

阴，其象为⚋，其数为 0

阳，其象为⚊，其数为 1

宇宙间的一切事物皆有阴阳两象。

三　四　象

四象是一事物变化的四种状态：

其象为	⚏	⚎	⚍	⚌	
其数为	00	01	10	11	二进制
	0	1	2	3	十进制

事物的四个象表示该事物在生灭变化过程中的四个状态，可用图像表示如下：

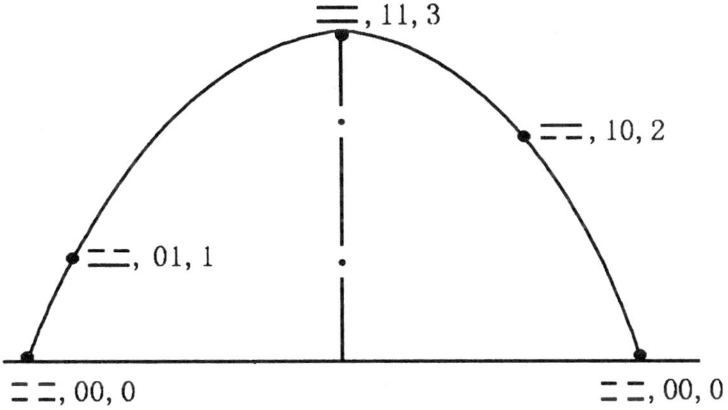

⚏表示事物变化的起点，其数为 0

⚎表示事物开始生根，上长，其数为 1

⚌表示事物变化到达最高点，其数为 3

⚍表示事物已损根，衰落，其数为 2

⚏表示事物变化到达终点，其数为 0，终点也就是起点。

事物的变化，开始，上升，到达极点，这是上升的阶段。到达极点之后，必然出现物极必反，盛极必衰，物壮则老，衰老是事物变化的下降阶段。

一升一降构成事物的变化，升，用⚎表示，意味生根上长；降，用⚍表示，意味损根衰落。不难看出，升降之象用根的虚实来表示，是观察万事万物总结归纳的结果，合于实际。

升之象⚎，其数为 1。升为阳象，故奇数 1 为阳。

降之象⚍，其数为 2。降为阴象，故偶数 2 为阴。

上升的阶段，其象为 ⚎→⚌

其数为 1 → 3

下降的阶段，其象为 ⚍→⚏

其数为 2 → 0

由此可得，观象可定事物变化的状态，数隐在象中，有象即有数，反之，亦然。

从象可知，根实则升，根虚则降。

从数可知，奇数为阳，上升；偶数为阴，下降。

四　八　卦

按后人推测，古人最早传入后世的《易经》雏形就是八卦，只有符号，没有数字，也没有文字。

如果说《易经》的四象是代表一事物变化的四种状态，那么，八卦则代表此事物的八个状态：

其象为	☷	☳	☵	☱	☶	☲	☴	☰	
其数为	000	001	010	011	100	101	110	111	二进制
	0	1	2	3	4	5	6	7	十进制

四象用两层符号来表示，八卦表示八种状态，必须使用三层符号。三层符号的涵义是，下层符号代表下，即根；中层符号代表中，即干；上层符号

代表上，即冠。犹如一棵树，三层符号分别为根、干、冠。这是《易经》观察事物的类比方法，把一切事物的下中上关系用一棵树来比喻。

在古籍中，上中下三层符号，惯常是，上层代表天，中层代表人，下层代表地，合之组成天人地，习惯上常常读成天地人。这种涵义是，人生于天地之间，上不能离天，下不能离地，人就在这个范围中活动。这三个因素皆在变化，互相影响。每一个因素的变化，不出阴阳（--，—）两面。天有阴阳变化，人有阴阳变化，地亦有阴阳变化，如此，则天有两种属性，阴与阳；人有两种属性，阴与阳；地亦有两种属性，阴与阳。天人地三者合之，则有

$$2\times2\times2=8\text{（卦），8 个状态}$$

古人叫八卦，现代语言，这就是天地人系统变化状态的总数。古人对此八卦分别起了名称：

名称	坤	震	坎	兑	艮	离	巽	乾
符号	☷	☳	☵	☱	☶	☲	☴	☰
二进制	000	001	010	011	100	101	110	111
十进制	0	1	2	3	4	5	6	7

关于这八个符号，《易经·系辞上传》有这样的叙述："易有太极，是生两仪，两仪生四象，四象生八卦，八卦定吉凶，吉凶生大业。"

八卦如何定吉凶？常为人们所困惑。

现在以人体生命变化作例进行讨论。所谓卦，现代语言是状态。八卦中每卦的三层符号原本是对应事物的上中下三部分，具体化之，可以对应于一棵树的冠、干、根，亦可以对应天人地三个因素，三个符号组合起来表示整

体，即是卦象。采用八卦方式只能表示事物的八个变化状态。由于《易经》的卦象符号具有抽象性，可以表示任何事物所处的变化状态，亦可以转引之表示人的生命整体的变化状态，以图说明如下：

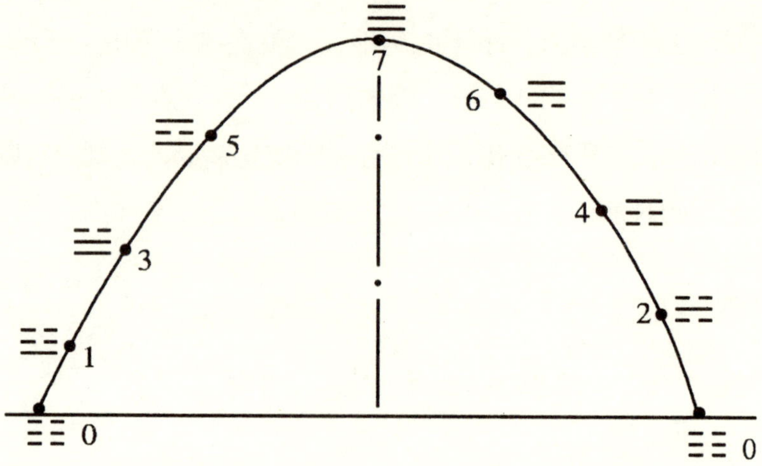

由图可以看出，生命之始点与生命之末点相同，生命的量值皆为 0，是坤卦（☷，000，0）。生命至中年最佳，是乾卦（☰，111，7），生命的量值最高。中年盛极，盛极则反，物壮则老。随着年龄（时间）的增长，由盛极状态进至巽卦（☴，110，6）。为何是巽？巽卦的特点是根虚。人到中年之后，即临肾虚，肾为生命之根，根虚则体衰，故生命下落。随着年龄的继续增长，到达艮卦（☶，100，4）。为何是艮？艮卦的特点是，不但根虚，中干也虚，故为艮。中医语言是，不仅下焦虚，中焦也虚了。上中下三焦之中，中下皆虚，2/3 已损，生命状态已是老年，已显虚火上炎之态（☶）。年龄再长，则达坎卦（☵，010，2）。为何是坎？坎卦的特点是上焦和下焦皆虚，表示头脑及腿脚皆不灵，仅余中气，人还活着。这样的生命状态，生活不能自理，甚者饮食二便皆需护理，具体形象是老迈，衰微，耳目失灵，反应迟钝，但一息尚存。最后到达坤卦（☷，000，0），生命结束，此时三焦俱虚（无），寿数已尽。在人的后半生中，用象数表示，其变化过程为：

乾		巽		艮		坎		坤
☰	→	☴	→	☶	→	☵	→	☷
111		110		100		010		000
7		6		4		2		0

不难看出，生命之衰，从根开始，逐步往上损。这一点，用卦象表示甚是清楚。历来的中医家、养生家均视下焦为生命之根，明代大医家张景岳依此创立了命门学说，可以说，这是长期生活经验和医疗实践对生命规律认识的结果。生长的过程，是从根到冠，从下向上；衰落的过程，亦是从根到冠，从下向上，这是《易经》象数观的认识论。

由于《易经》卦象其符号的涵义是抽象的，故可广用于一切领域，用在人的生命变化上已如上述，用在一个家庭的变化上亦复如是。例如某一家庭，其人丁状况是艮卦（☶），表示祖辈强，儿辈弱，孙辈也弱。这个家庭的情况即如一个老年人的生命状态，迅将衰老，是凶象。因此，观象可以定事，这是《易经》象数观的认识方法。持此方法来认识事物，称为象数派，与此相对，持义理方法来认识事物，则称义理派。

世间学问大分有两门，一门是艺术，另一门是科学。艺术门的认识方法以觉性、形象为主，《易经》象数派的认识方法，以卦象为主。形象偏于具象，卦象偏于意象，具象偏于表，意象偏于里，都是在象上做文章。可以说，象数观是艺术门的起源。与之相对，科学门的认识方法以逻辑为主，《易经》义理派的认识方法则以理性为主，二者相近，都是在理上做文章。亦可以说，义理派是科学门的基础。

在古籍中，对巽艮坎坤四个卦象还有物象的描述，巽为风，艮为山，坎为水，坤为地。推敲之，这是一种比喻。巽卦的象是☴，根虚，树木根虚则摇，树摇是风吹之象，可简为风象。风象用久了，又简成风。艮卦的象是☶，其象似山，从上述生命变化的分析可知，生命过程到达艮卦，来日已不多，具有限止之意，恰如人行遇山，挡住去路，被限被阻。山能挡路，亦具限止，故，艮卦之象以山比喻，久之，简成山。坎卦的象是☵，由上述已知，人的生命过程变化到这种状态是老迈昏花，已临死亡边缘，犹如水之急湍直下，对于坎卦的形象以水象比喻，久之，简成水。坤卦的象是☷，由生命变化的分析可知，这是死亡之象，一片寂静，古籍常以大地来比附。与此相对，乾卦的象是☰，则以天来描绘，天地相对，形成阴阳，构成变化的根源。中华文化以“天行健，君子以自强不息”来描述乾卦，以“地势坤，君子以厚德载物”来描述坤卦。清华大学校训“自强不息，厚德载物”即取乾坤两卦的行为精神。坤是地象，生命垂落至地为止，同时又是生命发轫起始之处，《易经》之认识，生死同源，均为自然现象，所以在天地之间万物的一切变化均从乾（☰）坤（☷）两象而出，故把坤简成地。

至于数，则寓于象中，数是量的概念，不同的数意味着不同的象，不同的象亦具不同的数。从生命下降的变化过程可以看出，数是从

$$7 \rightarrow 6 \rightarrow 4 \rightarrow 2 \rightarrow 0$$

反之，再讨论生命上升的变化过程，其变化为：

坤		震		兑		离		乾
☷	→	☳	→	☱	→	☲	→	☰
000		001		011		101		111
0		1		3		5		7

生命从坤卦（☷，000，0）开始，或言从 0 开始，随着时间的延伸，上

升至震（☳，001，1），震为生根之象。继续升至兑（☱，011，3），兑的特点是由根上升长出中干。升至离（☲，101，5），离卦的特点是外强中干，疯长之象。最后升至最高点乾（☰，111，7），乾卦的特点是，根、干、冠三者俱实，生命上升的过程即告完成。

可见，生命上升，也是从根开始，逐步上升，最后达到下中上三焦皆实。

生命下降是从损根开始，生命上升则从实根开始，故，生命之盛、衰皆在于根。这是《易经》象数派的观点，此观点是否正确？回答是肯定的，合于实际。

至于数，在生命上升的过程中，其变化为：

$$0 \rightarrow 1 \rightarrow 3 \rightarrow 5 \rightarrow 7$$

可以看出，上升的过程，卦象之数皆为奇，下降的过程，卦象之数皆为偶。由此得出，奇为阳，偶为阴，阳升阴降。

乾卦之象为事物的极点、顶点、最佳点。例如一个家庭的人丁情况是乾（☰），祖辈强，儿辈强，孙辈仍强，呈现三阳开泰，一片兴旺，是吉象。

如果卦象处于中间状态，比如离（☲）与坎（☵），离是升腾之象，犹如火之上炎，故离具火象，简成火，是吉象。坎是急剧下陷之象，犹如水之下落，事物变化出现坎象，是凶象。

兑（☱）与艮（☶）也是中间状态，兑的形象似泽，由上面分析亦知，兑卦的功能是升象，四通八达，引申之，在海上航行也是四通八达，故把兑（☱）简为泽，是通象，是吉象。与之相对，艮（☶）则是山象，山具阻止之象，为滞象，是凶象。

震（☳）与巽（☴）两个卦象，☳为生根之象，☴为损根之象，生根是升，损根则降，生根下实，损根下虚，根实钻土导致震动，比喻之，☳象简作雷，是吉象。根虚则上部摇动，犹如风吹，故☴简为风，是凶象。至此可知，八卦定吉凶，吉凶生大业，是观卦象的升降，顺逆，成败而言，是以象定事。联系到艺术门，其认识方法以形象为主，而《易经》的象数派是以意象为主，二者同属一类。

八卦是《易经》的基本卦象，也叫经卦，对世间的一切事物，用八卦已可理出大概，简洁明了，是常用的观察方法。由八卦再细演，可得六十四卦，又叫别卦，更加详细，但也繁复。

八卦是万事万物生灭变化的八个状态，分为升降两段，上升的一段由四个卦象来表达，它们是：

震		兑		离		乾
☳	→	☱	→	☲	→	☰
001		011		101		111
1		3		5		7
少阳		中阳		老阳		至阳

可称为四个阳卦，它们共同的特点是根实。故，有根则升，根实则长。下降的一段亦由四个卦象来表达，书写如下：

巽		艮		坎		坤
☴	→	☶	→	☵	→	☷
110		100		010		000
6		4		2		0
少阴		中阴		老阴		至阴

可称为四个阴卦，其共同的特点是根虚。根虚则降，根损则衰。

八卦的卦象是用阴（⚋）和阳（⚊）两个基本符号组合而成，可表达任何事物的变化状态，给人以形象与意象的直觉，由此形象即可判断事物的升降，顺逆，吉凶，成败。现代语言，是观象定事，属于形象思维的范畴。由八卦可理出事物之变，由生而长，至极，再衰而降，至灭，为万事万物之总规律。由此引出忧患意识与生生不息。为人为事，皆在变化之中，不可乐已忘忧，而须居安思危。最佳状态处于中间，是兴旺发达之期，乾卦（☰）须充分利用，不可错过。

八卦是由三个元素组成，形成八个变化状态，如果事物是由四个元素组成，其卦象又如何变化呢?

五　十六卦

如果事物的卦象是由四层符号组成，则此事物的变化状态共有：

$$2\times2\times2\times2=16\text{（卦），十六个状态}$$

将此十六个卦象书写出来：

0000	0001	0010	0011	0100	0101	0110	0111
0	1	2	3	4	5	6	7

1000	1001	1010	1011	1100	1101	1110	1111
8	9	10	11	12	13	14	15

为了直观清晰，将此十六个卦象的变化过程绘之如下：

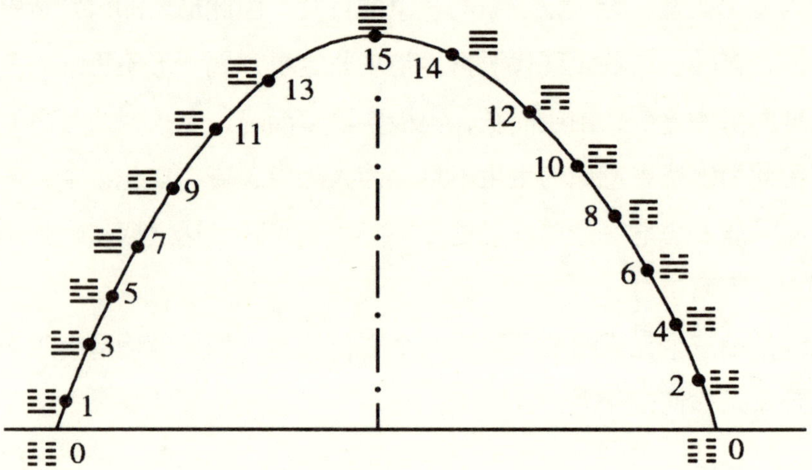

可以看出，十六卦象的变化过程与八卦的变化过程相似。

六　三十二卦

如果卦象是由五层符号组成，那么此事物变化的状态共有：

$$2\times2\times2\times2\times2=32$$（卦），三十二个状态

将此三十二卦的卦象书写如下：

0000	00001	00010	00011	00100	00101	00110	00111
0	1	2	3	4	5	6	7

01000	01001	01010	01011	01100	01101	01110	01111
8	9	10	11	12	13	14	15
10000	10001	10010	10011	10100	10101	10110	10111
16	17	18	19	20	21	22	23
11000	11001	11010	11011	11100	11101	11110	11111
24	25	26	27	28	29	30	31

将三十二卦的变化过程绘出：

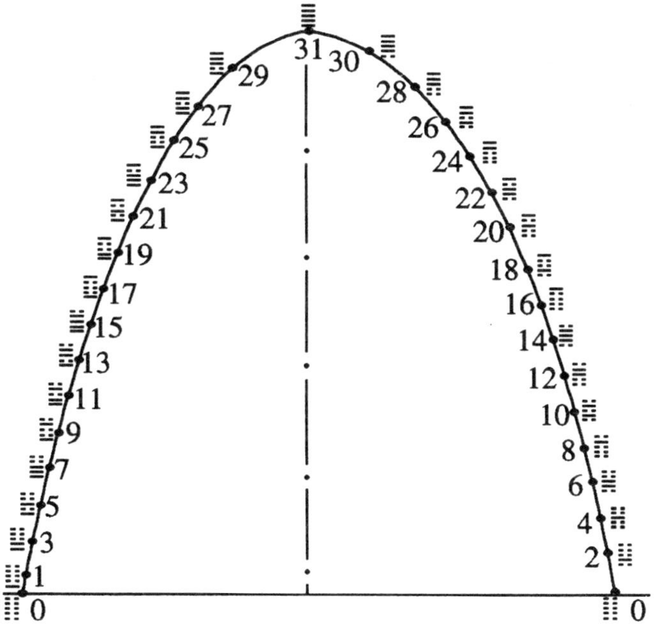

七　六十四卦

如果卦象是由六层符号组成，则事物的变化状态共有：

$$2\times2\times2\times2\times2\times2=64\text{（卦）}\qquad\text{六十四个状态}$$

将此六十四卦的卦象书写如下：

坤	复	师	临	谦	明夷	升	泰
䷁	䷗	䷆	䷒	䷎	䷣	䷭	䷊
000000	000001	000010	000011	000100	000101	000110	000111
0	1	2	3	4	5	6	7

豫	震	解	归妹	小过	丰	恒	大壮
䷏	䷲	䷧	䷵	䷽	䷶	䷟	䷡
001000	001001	001010	001011	001100	001101	001110	001111
8	9	10	11	12	13	14	15

比	屯	坎	节	蹇	既济	井	需
䷇	䷂	䷜	䷻	䷦	䷾	䷯	䷄
010000	010001	010010	010011	010100	010101	010110	010111
16	17	18	19	20	21	22	23

萃	随	困	兑	咸	革	大过	夬
䷬	䷐	䷮	䷹	䷞	䷰	䷛	䷪
011000	011001	011010	011011	011100	011101	011110	011111
24	25	26	27	28	29	30	31
剥	颐	蒙	损	艮	贲	蛊	大畜
䷖	䷚	䷃	䷨	䷳	䷕	䷑	䷙
100000	100001	100010	100011	100100	100101	100110	100111
32	33	34	35	36	37	38	39
晋	噬嗑	未济	睽	旅	离	鼎	大有
䷢	䷔	䷿	䷥	䷷	䷝	䷱	䷍
101000	101001	101010	101011	101100	101101	101110	101111
40	41	42	43	44	45	46	47
观	益	涣	中孚	渐	家人	巽	小畜
䷓	䷩	䷺	䷼	䷴	䷤	䷸	䷈
110000	110001	110010	110011	110100	110101	110110	110111
48	49	50	51	52	53	54	55
否	无妄	讼	履	遁	同人	姤	乾
䷋	䷘	䷅	䷉	䷠	䷌	䷫	䷀
111000	111001	111010	111011	111100	111101	111110	111111
56	57	58	59	60	61	62	63

将六十四卦的变化过程绘出：

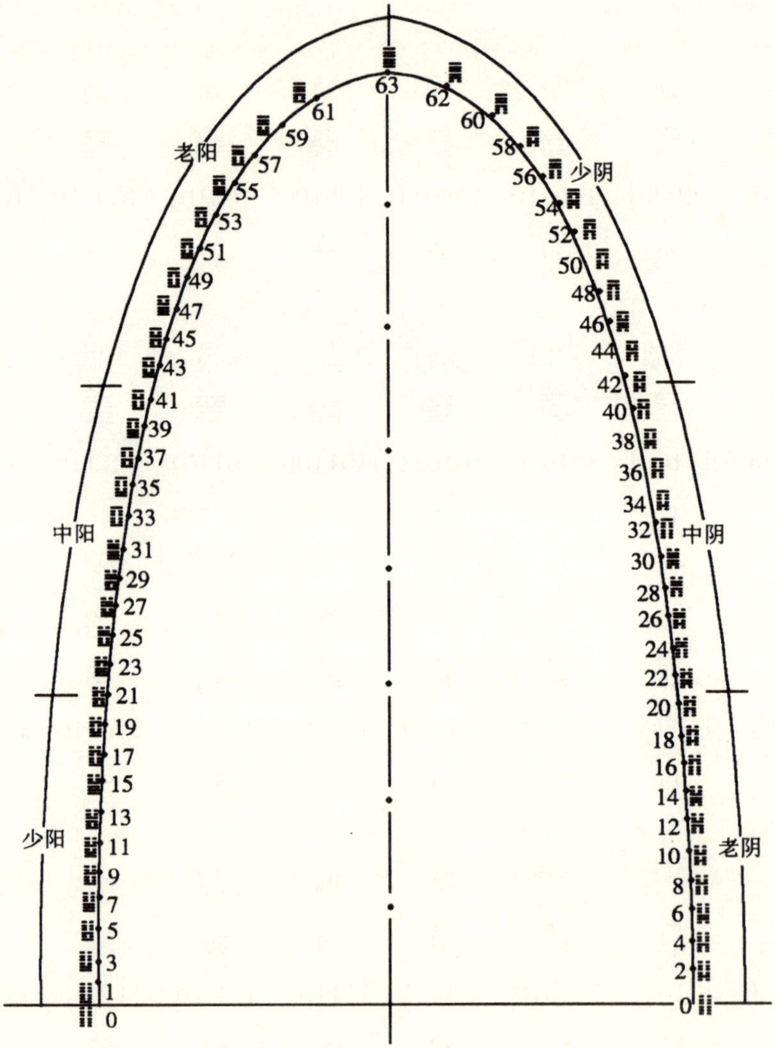

根据以上的叙述，卦之象与数具有如下的规律，由于习惯上多用十进制，其数仍以十进制表示，计数方法是从下向上：

1） ＋ ＝1

0　　$1 = 2^0$

2） ＋ ＝3

0　　$3 = 2^0 + 2^1$

3） ＋ ＝7

0　　$7 = 2^0 + 2^1 + 2^2$

4） ＋ ＝15

0　　$1 = 2^0 + 2^1 + 2^2 + 2^3$

5） ＋ ＝1

0　　$31 = 2^0 + 2^1 + 2^2 + 2^3 + 2^4$

6） ＋ ＝63

0　　$63 = 2^0 + 2^1 + 2^2 + 2^3 + 2^4 + 2^5$

n）*n* 层　　*n* 层

 ＋ 　$= x$

$$= 2^0 + 2^1 + 2^2 + 2^3 + \cdots\cdots + 2^{n-1}$$

$$= \sum 2^{0 \sim (n-1)}$$

八卦是三层符号，如☷；六十四卦是六层符号，如䷾；推而广之，无论卦象的符号有多少层，阴阳对偶的两个卦象，其数相加均服从如上的规律。

乾坤两卦是阴阳对偶，其他卦象亦有阴阳对偶，如：

艮　　兑

☶ ＋ ☱ ＝ 7

4　　3

既济　　未济

䷾ ＋ ䷿ ＝ 63

21　　42

由六十四卦的象数分布可知，事物的变化过程是从 0 开始，上升到极点，而后物极则反，进入衰落阶段，最后又降到 0。象表性质，属阴或属阳，上升抑下降；数表事物所在状态之功能的高低，以六十四卦而论，按卦象功能的高低，可以分成八个层次，在最高层次中，有八个状态，即八个卦象：

56　57　58　59　60　61　62　63

这八个卦象有起有落，奇数卦象均是上升，如：

57 → 59 → 61 → 63

偶数卦象则均是下降，如：

$$62 \to 60 \to 58 \to 56$$

在最低层次中，亦有八个卦象：

0　1　2　3　4　5　6　7

奇数卦象上升，如：

$$1 \to 3 \to 5 \to 7$$

偶数卦象下降，如：

$$6 \to 4 \to 2 \to 0$$

其余六个层次介于中间，不一一阐述。

可以看出，凡是上升的卦象其根均实，下降的卦象其根皆虚，符合自然现象，这一点是《易经》象数观的一大特征。

为了分析方便，可以把六十四卦中的每一个卦象分成两个部分，上卦和下卦，这样便可与八卦的卦象联系起来，例如：

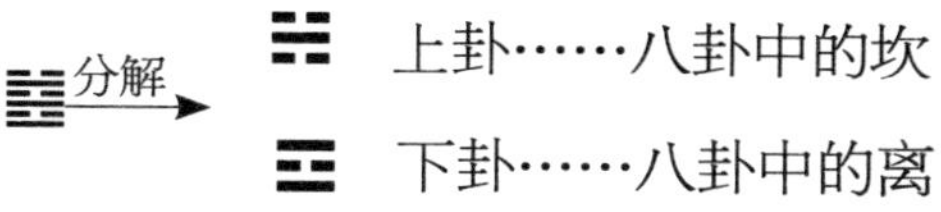

上卦视为阳，下卦视为阴，于是可用阴阳观来进行分析，比如：

☷上
☰下
7
这是泰卦（卦名沿用旧名，以免混乱），是上升的状态。上卦属阴，其性下降，下卦属阳，其性上升，阴阳交合，好。

☰上
☷下
56
这是否卦，是下降的状态，上卦属阳，其性上升，下卦属阴，其性下降，阴阳分离，坏。

从卦象性质言，上升比下降好，泰胜于否，从功能言，亦即从数量言，$56>7$，否胜于泰。

又比如：

䷀
63
上卦为☰，下卦亦是☰，从整体言，这是乾卦，是事物变化的最高点。

䷁
0
上卦为☷，下卦亦是☷，从整体言，这是坤卦，是事物变化的起点，亦是事物变化的终点。

从阴阳观的分析看，乾卦的上卦和下卦是平衡的，坤卦的上卦和下卦亦是平衡的，但二者的数值相差很大，乾为 63，坤为 0。《易经》的一个重要观点是阴阳平衡则佳，佳则生生不息。以此着眼，乾象是生机勃勃，坤象则平静萧条，其原因涉及阴阳双方数量的问题，大分之，阴阳双方的数量可分成高、中、低三个等级：

下卦，阴

高　　H_1

中　　M_1

低　　L_1

上卦，阳

高　　H_2

中　　M_2

低　　L_2

阴阳双方的匹配有：

$3 \times 3 = 9$ 种，即

$\frac{H_2}{H_1}$　$\frac{H_2}{M_1}$　$\frac{H_2}{L_1}$

$\frac{M_2}{H_1}$　$\frac{M_2}{M_1}$　$\frac{M_2}{L_1}$

$\frac{L_2}{H_1}$　$\frac{L_2}{M_1}$　$\frac{L_2}{L_1}$

只论几种边界匹配：

$\frac{H_2}{H_1} \rightarrow$ ䷀乾，63，功能最高，顶点

$\frac{L_2}{L_1} \rightarrow$ ䷁坤，0，功能最低，起点（末点）

$\frac{H_2}{L_1} \rightarrow$ ䷋否，56，功能偏高，下降

$\frac{L_2}{H_1} \rightarrow$ ䷊泰，7，功能偏低，上升

由此可见，阴阳平衡生生不息还须视整卦的量值而定。在六十四卦中，阴阳双方出现平衡的状态共有八种，即：

䷁	䷲	䷜	䷹	䷳	䷝	䷸	䷀
0	9	18	27	36	45	54	63

可以看出，卦象的数值愈大，事物的功能愈高，所以，高平衡比低平衡要好。联系经济生活，不外供销双方，高供高销，繁荣发达；中供中销，平常状态；低供低销，小本经营，依次类推。

在六十四卦中共有三十二对阴阳对偶的卦象，如：

䷁　䷀
0 + 63 = 63

䷌　䷆
61 + 2 = 63

䷪　䷖
31 + 32 = 63

所谓对偶卦，是相对应的爻位恰好互成阴阳关系，犹如男与女，天与地，水与火。男与女的性质是异性相吸，相互补充，简为相对相补。泛推之，阴卦与阳卦的关系既是相对的，又是相补的。相对与互补是对偶卦的特点。由此可推及，天与地是对偶的，天为阳卦乾（䷀），地为阴卦坤（䷁），阴阳合之，生发万物。二卦之数合之为63。老与少是对偶的，少阳之卦泰（䷊），其数为7，少阴之卦否（䷋），其数为56，二数合之为63，二者相对相补，老少互补。这里须注意，《易经》用辞，阳升阴降，少阳为初升，少阴为初降，对人而言，少阴阶段是进入老年之初期。盛壮与衰迈是对偶的，老阳之卦同人（䷌），其数为61，老阴之卦师（䷆），其数为2，二者相对相补，联系到实际生活，则是老有所依。中男与中女是对偶的，中阳之卦夬（䷪），其数为31，中阴之卦剥（䷖），其数为32，二者相对相补，合之，生育繁衍。

由六十四卦的象数可知，在事物的变化过程中，出现三十二对阴阳对偶卦，例如泰卦（䷊）是上升的，否卦（䷋）则是下降的。老子在《道德经》

中曾言，“反者道之动”，向相反的方向转化是事物变化的规律，这一点在《易经》的象数变化上是非常明显的。所以，《易经》的象数观认为，必须居安思危，安相当于“泰”，危则相当于“否”。联系到人类生活，子女幼年时靠父母养育，当父母年迈时，则需要子女护理，形式上是父母与子女的关系，实质上，随着时间的延伸，父母变成了“子女”，子女变成了“父母”，呈现向相反方向的转化。

从六十四卦的分布可以看出，事物变化有上升的一支，还有下降的一支。上升的一支可以分成三个区段：

1. 少阳段，即初升的区段，落在初升区段上的卦象有：

䷗	䷒	䷣	䷊	䷲	䷵	䷶	䷡	䷂	䷻
1	3	5	7	9	11	13	15	17	19

可以简做少阳。

2. 中阳段，即上升的中间区段，落在这一区段上的卦象有：

䷾	䷄	䷐	䷹	䷰	䷪	䷚	䷨	䷕	䷙	䷔
21	23	25	27	29	31	33	35	37	39	41

简做中阳。

3. 老阳段，即上升的最高区段，落在这一区段上的卦象有：

䷥	䷝	䷍	䷩	䷼	䷤	䷈	䷘	䷉	䷌	䷀
43	45	47	49	51	53	55	57	59	61	63

简做老阳。

下降的一支亦可分成三个区段：

1. 少阴段，即初降的区段，落在初降区段上的卦象有：

62 60 58 56 54 52 50 48 46 44

可以简做少阴。

2. 中阴段，即下降的中间区段，落在这一区段上的卦象有：

42 40 38 36 34 32 30 28 26 24 22

简做中阴。

3. 老阴段，即下降的最末区段，落在这一区段上的卦象有：

20 18 16 14 12 10 8 6 4 2 0

简做老阴。

上升的三个区段与下降的三个区段合之，构成事物整体的变化过程。这六个区段还构成如下的对偶关系：

（1）少阳—少阴，对偶

（2）中阳—中阴，对偶

（3）老阳—老阴，对偶

细分之，少阳至少阴区段共十对对偶卦象，将其象与数的关系列于下：

少阳	䷗	䷒	䷣	䷊	䷲	䷵	䷶	䷡	䷂	䷻
	1	3	5	7	9	11	13	15	17	19
少阴	䷫	䷠	䷅	䷋	䷸	䷴	䷺	䷓	䷱	䷷
	62	60	58	56	54	52	50	48	46	44

可见，少阳与少阴相应的卦象呈对偶关系，例如䷗，是上升的开端，其数为 1，对偶的卦象则是䷫，是下降的开端，其数为 62。《易经》的卦象提示，在事物的整体变化过程中，有上升的阶段，还有下降的阶段，因而在人们的意识之中，应有忧患意识，不可得安忘危。

中阳至中阴区段共十一对对偶卦象：

中阳	䷾	䷄	䷐	䷹	䷰	䷪	䷚	䷨	䷕	䷙	䷔
	21	23	25	27	29	31	33	35	37	39	41
中阴	䷿	䷢	䷑	䷳	䷃	䷖	䷛	䷞	䷮	䷬	䷯
	42	40	38	36	34	32	30	28	26	24	22

老阳至老阴区估共十一对对偶卦象：

老阳	䷥	䷝	䷍	䷩	䷼	䷤	䷈	䷘	䷉	䷌	䷀
	43	45	47	49	51	53	55	57	59	61	63
老阴	䷦	䷜	䷇	䷟	䷽	䷧	䷏	䷭	䷎	䷆	䷁
	20	18	16	14	12	10	8	6	4	2	0

八　卦象总论

1. 事物兴衰

阳卦升，其根实；阴卦降，其根虚，故，根之虚实是事物升降的关键。人体生命之根为肾，肾之功能好（实），腿健，生殖力强，生命力旺盛；否则，相反。老年人其肾虚，腿弱，至耄耋时期（80 ~ 90 岁左右），双腿不支，如树之根朽，倾倒。人体生命如此，推延之，万事万物，概莫能外。

2. 物极必反

物极必反，物壮则老，乾卦䷀表示事物发展已达顶点，下一步的变化必然衰落，至姤䷫，姤卦之象表示根损。由实际生活可知，生物根损必然衰败，推延之，凡根虚者亦必凋敝。人之生命过程到达中年为一生之顶峰，为乾象䷀；再进，则呈姤象䷫，此为众物之理，万象规律。老子在《道德经》中曾言，功成，名就，身退，天之道。溯其意，老子认为任何事物皆有其发展变化之顶点，智者应察，不可妄求；否则，过犹不及。

3. 象的吉凶

智者应观象定事，观象定人。《易经·系辞上传》亦有言：“易有太极，是生两仪，两仪生四象，四象生八卦，八卦定吉凶，吉凶生大业。”以八卦而言，每一卦象皆代表事物发展变化的一个状态，大言之，上升的卦象属吉，如震☳（1），兑☱（3），离☲（5），乾☰（7）；下降的卦象则属凶，如巽☴（6），艮☶（4），坎☵（2），坤☷（0）。以生命作例，生命进展至艮☶，其数为 4，距死（坤，☷，0）不远，当然是凶。

《易经》之卦象属于意象，不是具象，但亦属形象范围。以象定事，以象定人，为艺术领域所注重，或言艺术以研究形象变化为主事；相对而言，道理（义理）则为科学领域所注重，重在研究事物变化之规律，探索事物变化之所以然。简言之，艺术重象，科学重理，象多偏外，理多偏内。象数与义理如《易经》之两翼。

中国文字属形象文字，易经卦象则属形象符号，皆以象表义，或言以表象显内容，这也是中国文化的一大特点。

4. 象的数目

根据事物之复杂程度所取之象，其数目可多可少，数目最少的象只有两个，即两仪（⚋，⚊），数目最多的象可至无限，为明晰直观，叙之如下：

象之数目为 2　⚋，⚊

象之数目为 4　⚏，⚎，⚍，⚌

象之数目为 8　☷，☳，……☰

象之数目为 16　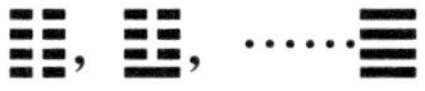

象之数目为 32　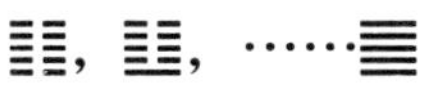

象之数目为 64　䷁，䷗，……䷀

表达一事物之变化过程，可用两象，亦可用四象、八象、六十四象。事物愈复杂，取象应愈多，分析起来亦愈繁。一般情况，用八卦表达已够清晰，再多可用六十四卦，而罕用十六、三十二卦，超过六十四卦，则不用。此中之原因在于，用八卦象表达事物简捷清晰，直观明了，乾坤为事物变化之两端。上升的阳性变化最高为乾（☰），下降的阴性变化最低为坤（☷）。阳性变化共四个卦象☳（1），☱（3），☲（5），☰（7）；阴性变化亦是四个卦象，☴（6），☶（4），☵（2），☷（0）。事物之变化有起有落，这种现象，佛家称为诸行无常；哲学家称为运动变化；儒家与道家皆称为易，名词不同，实则为一。

古籍中常用物象来描述八卦，如震（☳）为雷，☳之象表植物生根，有震土之义，于是用雷描述。兑（☱）为悦，☱之象似湖海辽阔，有通畅喜悦之义，于是用悦描述。离（☲）为火，☲之象中空，火上炎必伴中空，借空气中氧之助而火焰上升，有火之象，于是用火描述。乾（☰）为天，在自然界中天空至高无际，故用天描述。以上四卦为上升之象，程度不同。以数表示：

震，☳，1
兑，☱，3
离，☲，5
乾，☰，7

其余四卦则是下降之象，如巽☴为风。☴之象表植物根损，出现摇摆，如风吹之象，故用风来描述。艮（☶）为山，☶之象如山，有限止之义，故用山描述。坎（☵）为水，☵之象如水之流（≈），水性下陷，取其义，于是用水描述。坤（☷）为地，在自然界中土地为下降之极限，取其义用地描述。这四个卦象皆为下降之象，程度各有不同，亦以数表示：

巽，☴，6
艮，☶，4
坎，☵，2
坤，☷，0

八卦是用形象来表达事物从生到灭全过程变化的八个状态。比喻言之，第一爻可视为根，第二爻为干，第三爻为冠，犹如一棵树之根、干、冠，形象的意义甚为清晰，可以直观判断。用之观察事物所处状态，可一目了然。至于天地山泽风雷水火之词，是一种比喻性的形容。八卦性质如此，六十四卦，骤然视之，甚繁，细推之，其构成恰恰是 8×8 而成，亦即八卦的排列组合，例如：

泰䷊，否䷋，既济䷾，未济䷿

泰卦的上半部是☷，是坤，其性属阴，向下；泰卦的下半部是☰，是乾，其性属阳，向上，二者处于相交状态，阴阳相交则生，事物茂盛，好，是吉象。否卦䷋正好相反，阴阳相离，萎靡不振，坏，是凶象。既济卦䷾，上半部是☵，是坎，水性向下；下半部是☲，是离，火性向上，阴阳相交，生生不息，是吉象。反之，未济卦䷿，恰好相反，是凶象。这是利用八卦的卦性来分析六十四卦的成卦，甚是方便。故，八卦与六十四卦常为人乐用，而且六十四卦已经够用，不必拓展。

5. 以象表事

卦象是一个状态，八卦是事物变化全过程的八个状态，或八个点，不是连续性的描述，这一点与义理的表达不同。义理的表达是连续性的，可以写出代数方程式，如：

$$y=f(x)$$

二者相比，卦象是跳跃式的，形象的表达；义理则是连续性的，抽象的描述。用形象表达事物的变化过程，尚只见于《易经》。

6. 象的对偶

卦象总是成对偶形式出现，如：

二卦 ⚋ ⚊ 最高卦数 $k=1$

四卦 ⚏ ⚎ ⚍ ⚌ 最高卦数 $k=3$

八卦 ☷ ☳ …… ☰ 最高卦数 $k=7$

由卦象之形成可知，凡对偶卦象，其数之和为一常数，如：

四卦 ⚏ + ⚌

0 + 3 = 3（k）

⚎ + ⚍

1 + 2 = 3

八卦 ☱ + ☴

3 + 4 = 7（k）

☵ + ☲

2 + 5 = 7

其余类推。

假设两个对偶卦象其数分别为 a 和 b，则

$$a+b=k$$

卦象总数为 2^n，n 为构成卦象符号的层数，则有如下的关系：

$n=1$	卦象总数 $2^1=2$	$k=2^n-1$	
		$=2^1-1$	1
$n=2$	卦象总数 $2^2=4$	$k=2^2-1$	3
$n=3$	卦象总数 $2^3=8$	$k=2^3-1$	7
$n=4$	卦象总数 $2^4=16$	$k=2^4-1$	15
$n=5$	卦象总数 $2^5=32$	$k=2^5-1$	31
$n=6$	卦象总数 $2^6=64$	$k=2^6-1$	63

7. 卦象与二进制

卦象之形成与二进制天然相合，例如

十进制 2，卦象为，二进制为 010

十进制 5，卦象为，二进制为 101

十进制 9，卦象为，二进制为 1001

十进制 15，卦象为，二进制为 1111

二进制是德国数学家莱布尼兹（G. W. Leibniz，1646~1716）所发明，于 1679 年正式发表。

那时正值清代康熙年间，法国传教士白晋（J. Bouvet, 1656~1730）在中国传教，业余猎奇，得《易经》卦象图，看不懂，寄给其好友莱布尼兹，时在1701年。莱氏看到中国《易经》卦象与其二进制之理不谋而合，甚是惊奇，认为中国人聪明，比他早几千年就应用二进制了。

我国古人并无二进制之说，而是以阴阳观点创造了卦象，使用⚋表阴，⚊表阳，阴阳符号组合起来表示事物所处的状态。仔细品味，把二进制的数码竖起来就是《易经》的卦象，例如：

2	010	0 — 0	卦象坎	☵
21	010101	0 — 0 — 0 —	卦象既济	䷾

可以看出，二进制的数码与《易经》的卦象是一致的。不同点是，莱布尼兹的注意力放在数学的二进制运算上，使用的符号是0，1。中国《易经》的注意力则放在卦象上，使用的符号是⚋和⚊。

8. 充实为美

用形象来观察、表达事物，简捷，清晰，例如八卦：

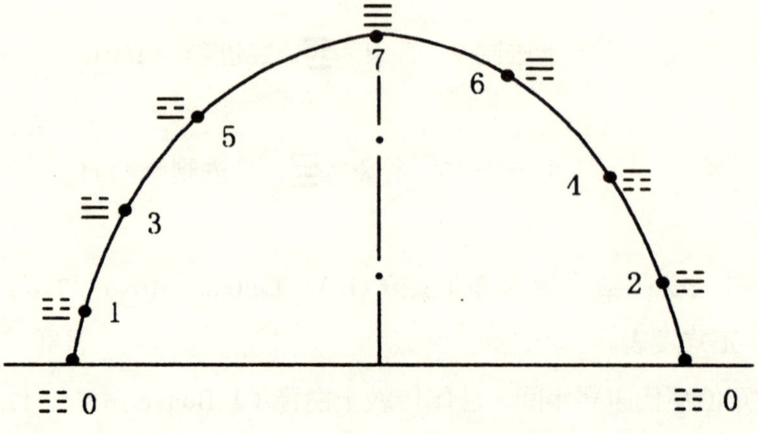

只要知道一个卦象，如☱，即可判定事物所处的状态。最好的状态是☰，这是事物的最佳态，相当于阴阳平衡的状态。从义理的分析可知，阴阳平衡是中道，或称中庸之道，而从卦象角度，古籍用群龙无首则吉来形容，这是一种比喻。乾卦的符号是☰，把每一个爻比作一条龙，整卦是三条龙，成为群龙，不分大小，则是无首，是带有文学意味的描述。实际上，乾卦的内涵是，下、中、上三部皆实，达到完好无缺的状态。可以联想，孟子曾言，充实之谓美。乾卦（☰）就是这种充实的状态。联系实际，女子成熟，丰满，是美；男子成熟，雄壮，亦是美。

乾卦是事物变化全过程中的最高点，在乾卦之前，均低于乾，从低向高变化是升阳的过程，用数表示是 $1 \rightarrow 3 \rightarrow 5 \rightarrow 7$；在乾卦之后，亦均低于乾，从低向高变化则是升阴的过程，用数表示是 $0 \rightarrow 2 \rightarrow 4 \rightarrow 6$。这一点，与义理中的阴阳变化是一致的。从义理角度言，阴阳平衡是事物变化全过程的最高点，在最高点之前，均低，从低向高变化，是升阳的过程。在最高点之后，亦均低，从低向高变化则是升阴的过程。事物之变化，依赖于阴阳的变化，所以，智者必须明达何为阴，何为阳，才能驾驭变化，使事物向好的方向运动。

9. 阴阳二象

随物赋象，卦象之数目可多可少，但卦象的性质只有两种，即阴卦和阳卦，以八卦为例：

至阳☰ 7　相当于生命壮年　少阴☴ 6　相当于生命初衰

老阳☲ 5　相当于生命青年　中阴☶ 4　相当于生命耆年

中阳☱3　相当于生命少年　老阴☵2　相当于生命耄年

少阳☳1　相当于生命幼年　至阴☷0　相当于生命暮年

阳性卦象呈现 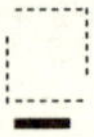

阴性卦象呈现 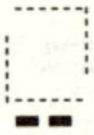

缘何如此？是由观察、概括万事万物阴阳之性而来。古人也曾有言，《易经》之出，是仰观象于天，俯观法于地，近取诸身，远取诸物，观察、总结自然界一切现象，取其共同规律，以形象（卦象）加以表达。

阴卦、阳卦是言其性，即定性。在阴性的基础上又衍生出多种卦象，如：

☷　0

☵　2

☶　4

☴　6

这是言其量不同，即定量。

同理，在阳性卦的基础上，亦出现多种卦象，亦是言其量之不同，亦即定量，如：

☳ 1

☱ 3

☲ 5

☰ 7

☳与☰皆是阳卦，但量不同，以男人作例，☳可视为幼年小儿，☰则是成年男子。以性言，只有两个，阴性和阳性，女人和男人；以量言，则有多种。在八卦中，阳性卦象有四种，阴性卦象亦有四种。

由此可知，象数与义理相通。从义理部分已知：

阴　$a = 1 - x$

阳　$b = x$

事物的性质　$s = a \times b$

$= x - x^2$

从性言，只有阴阳两个；从量言，则是多值的，x 每变化一次，a（阴）与 b（阳）即随之变化一次，故，量是多值的。

10. 象即数

象与数同体异名，或言象即数，数即象，以八卦为例：

☳ 即 1

☵ 即 2

但☳为阳性，☵为阴性，于是 1 为阳性，2 为阴性。泛言之，奇数皆为阳性，偶数皆为阴性，如：

1，3，5，7，9 为阳性

0，2，4，6，8 为阴性

把数字赋于性别，出自《易经》之象数。以此论点观测事物，与实际有相当的吻合。仍以八卦作例，从义理角度，事物之变化的全过程是一条光滑的抛物线 $s = x - x^2$；从象数角度，事物之变化是跳跃式（不连续）的八个点，亦即八个状态，而且八个状态有升降的变化。义理偏于理性、抽象性；象数偏于觉性、形象性，二者合之，接近事物的本来面目，呈如下的样式：

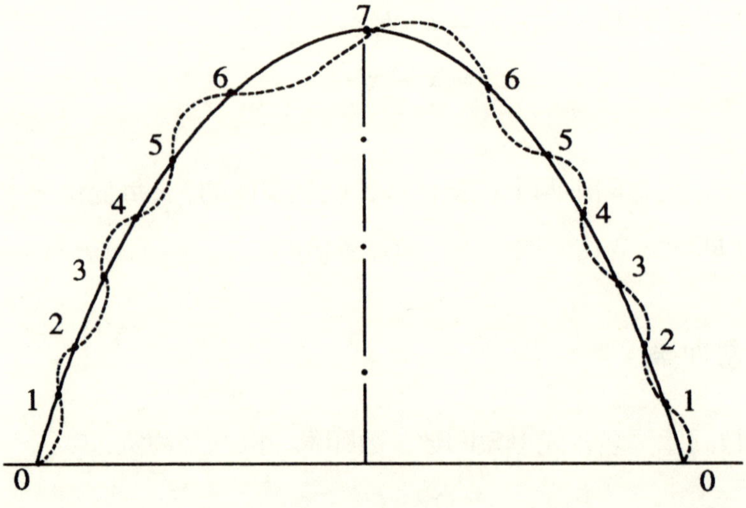

由图观之，事物实际的变化是在光滑的抛物线上出现了波动，波动的大小是不等的，量值小，波动小，量值大，波动大。至于波动的振幅在数量上究竟有多大，难以确定，因为事物在其所存在的环境中受诸多因素的影响。但是，波动的性质是存在的，这是事物变化的本来面目。例如气候，从冬至夏，气温逐渐升高，但不是平滑地上升，而是呈不规则的波动变化，之所以呈现不规则，是受了多种难以确定的因素之影响。地球在太阳系中绕轨道公转，公转一圈是一年，在公转轨道上又自转，自转一周是一个昼夜，昼夜相循永不停止，这是自然现象。《易经》语言，阳极则阴，阴极则阳，阴阳相循，永不停歇。《三国演义》的作者罗贯中，觉察世间现象并非永阳无阴，道出：天下大势合久必分，分久必合。这种觉察，是模糊的，证诸历史，又是确实的，究其所以然，在于事物自身的本性，此本性是何，《易经》用义理与象数两种认识方法从内里与表面揭开其朦胧的面纱。

事物的自然变化多是从无到有，从小到大，人体生命变化是从 0 开始，生长，到达中年，成熟壮实，而后衰落，进入老年，最后死亡，其他事物亦莫不如此。

从象言，仍以八卦作例，是：

从数言，是：

$$1 \rightarrow 3 \rightarrow 5 \rightarrow 7 \rightarrow 6 \rightarrow 4 \rightarrow 2 \rightarrow 0$$

事物自然的变化是连续的，不是跳跃的，亦即

$$0 \rightarrow 1 \rightarrow 2 \rightarrow 3 \rightarrow 4 \rightarrow 5 \rightarrow 6 \rightarrow 7 \rightarrow 6 \rightarrow 5 \rightarrow 4 \rightarrow 3 \rightarrow 2 \rightarrow 1 \rightarrow 0$$

由于数有阴阳之别，奇数为阳，偶数为阴，于是，事物的运动过程将是：基本的运动轨迹呈抛物线形状，在此基础上出现小的波动。例如，运动至 3，呈阳性状态，发散、活跃，运动至 4，呈阴性状态，收敛、抑制，余则类推。总之，在行进的过程中，时起时伏地向前运动。这一点是事物运动变化的本质。至于波动的大小、波动的规律性，则受多种因素影响而变成既有规律又无规律，既有定量又难以定量的复杂状态。同中有异，异中有同，阳中有阴，阴中有阳，智者不可不察。

为使阅者有直观感受，兹以八卦为例，描绘出其变化规律：

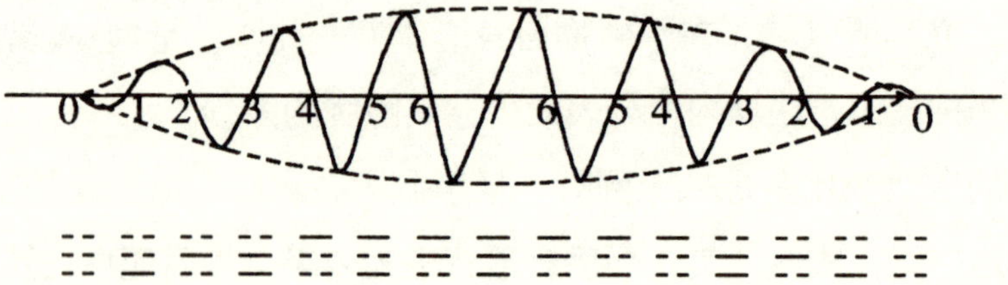

此为八卦卦象，表事物从生至灭，全部变化过程的起伏循环，阴极而阳，阳极而阴，是波动的。为了叙述方便，图像是有规律的，但事物的实际面目，并非刻板如画。

由前已知，从义理角度得出，事物从生至灭其变化规律为一抛物线，可示之为下：

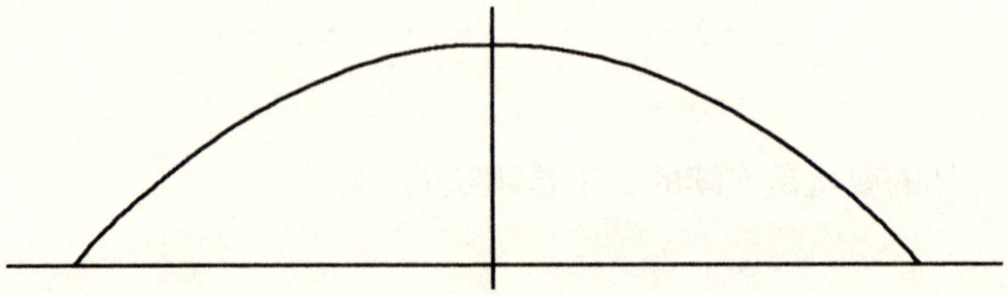

义理偏于理想、抽象，事物从生至灭不会是一条光滑的抛物线。证诸实际，在抛物线的轨迹上还有许多小的波动，为了叙述方便，仍以八卦的波动为例，加以形象地表示，即在抛物线的轨迹上叠加八卦的波动，示之如下：

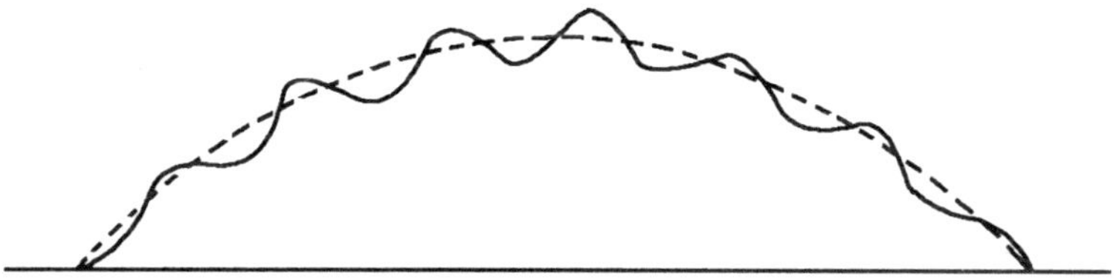

由图可见，事物的变化是在大波动的基础上加之小波动，这是以八卦的卦象与义理合参的结果，以之起示范作用。事物的实际情况不一定如此，可能是十六卦、三十二卦或六十四卦的状态，须审事而定，此需智者明察。概括之，理与象的关系是理一象多。

11. 象的和谐

卦象本身是以阴（⚋）、阳（⚊）符号组合表达事物存在的状态，而阴阳是广义的、抽象的，所以，卦象可泛用于任何事或物，如：

☲本是八卦中的离卦，表示事物处于剧烈上升的状态，是阳性的卦象。由于它本身是阳性，可以转而表达一位青壮的男子。从易经的阴阳观言，既有阳性，自然也有阴性，与离卦相对的阴性卦象应是☶，这是八卦中的艮卦。

不难看出☲，☶这两个卦象的第一爻（最下的爻）是相反的，分别表示阳性与阴性，其余对应的爻位是相同的，为⚎，⚎。

第一爻表示卦象的性别，其余各爻则表示卦象的身躯。卦身同，卦性异，为和谐卦，匹配卦，犹如男女之婚配。

再从象数之数言：

☲　☶

5　4

数本是表示数量的大小，在同一衡量单位下，以 5 尺、4 尺，5 斤、4 斤……可以表示出孰大孰小。卦象本身既是象又是数，见象即知数，但常人习惯于数，而不习惯于象，故，书写时象与数同时给出。

从这两个卦象可以看出，阴阳和谐而能够匹配者，阳性稍大于阴性。

反向论之，阴性稍大于阳性，可否和谐匹配？如：

☱　☶

3　4

很明显，这两个卦象的卦身不同，再加以卦性（第一爻）相反，两个卦象是完全不同的，没有共同性、和谐性，不能匹配。

由此可见，两个互相匹配的卦象之所以能够和谐相处，在于二者有同有异，同者为卦身，异者为卦性，犹如生物，年龄相仿而性异者互相吸引。引申之，一切事、物以及人际应如是建构，其成效自然和衷而共济。

第四章　河图洛书解析

一　河　图

河图与洛书是什么，有什么涵义，在中国文化史上一直是个谜。

《易经·系辞上传》言，“河出图，洛出书，圣人则之”。《系辞》闻世大约是孔子在世的年代，言，有河图，有洛书，到宋代才见河图与洛书的样式，流传至今。宋代出世的河图与洛书是否是《系辞上传》所言的样式，无从考证，现在只能按见到的河图与洛书来作讨论。

河图的样式是：

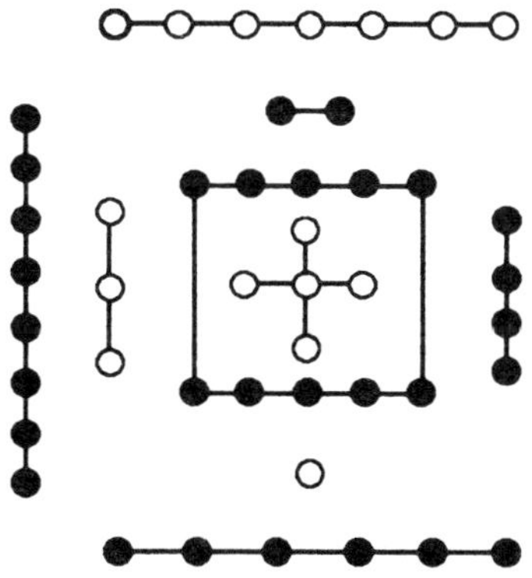

图中奇数为阳，偶数为阴，这一概念在前面象数分析中已有论述。改写成数字：

7

2

8，3　　5，10　　4，9

1

6

可以看出，数字之间具有如下的规律：

$(2+5n)$

7

2

$(3+5n)$，8，3　　5，10　　4，9，$(4+5n)$

1

6

$(1+5n)$

改为一行一行地横写，河图数字之间的规律可表达如下：

	1	2	3	4	5
+ 5	6	7	8	9	10
+ 5	11	12	13	14	15
+ 5	16	17	18	19	20
			⋮		

以至无限

还可以扩展至负值范围：

	− 1	− 2	− 3	− 4	− 5
+ (− 5)	− 6	− 7	− 8	− 9	− 10
+ (− 5)	− 11	− 12	− 13	− 14	− 15
+ (− 5)	− 16	− 17	− 18	− 19	− 20
			⋮		

以至无限

为了简要，只讨论正值范围。总结之，河图的规律为：

$$1+5n$$

$$2+5n \qquad n=0,\ 1,\ 2\cdots\cdots\infty$$

$$3+5n$$

$$4+5n$$

$$5+5n$$

1、2、3、4、5是五个基本数，在基本数之上再叠加“5”的倍数，即得人们想要的任何一个数，例如：

$$\begin{aligned} 38 &= 3 + 5n \qquad n = 7 \\ &= 3 + 5 \times 7 \end{aligned}$$

任何一个大于“5”的数，均由此五个基本数中的两个数选配而成，而且这两个数中的一个一定是“5”。

河图给出的数是1，2，3……10，不难想到，所采用的进制是十进制。

为有形象感，绘出其几何图形：

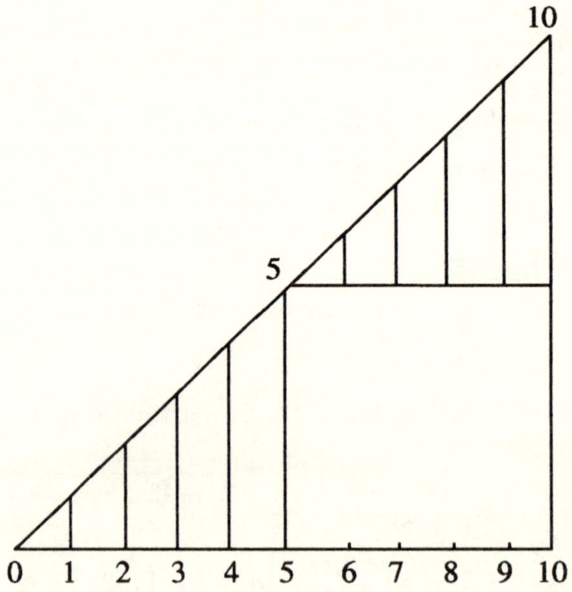

二　洛　书

洛书的样式是：

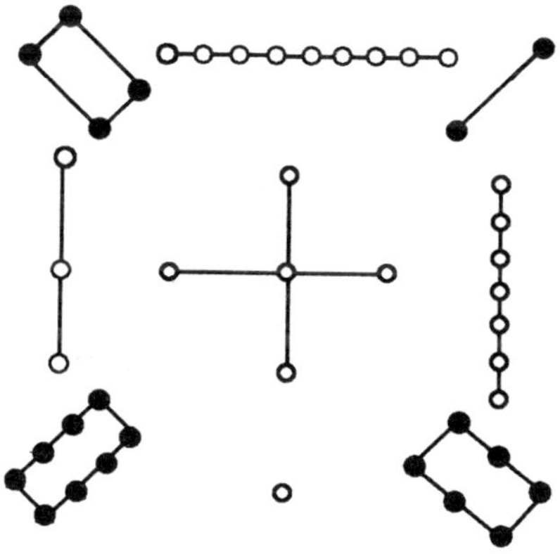

改写成数字：

4	9	2
3	5	7
8	1	6

不难看出，这个数字方阵存在如下的规律：

1. $1 + 5 + 9 = 15$
2. $3 + 5 + 7 = 15$
3. $4 + 5 + 6 = 15$
4. $2 + 5 + 8 = 15$

方阵中的数字共有九个，即1，2，3，4，5，6，7，8，9。奇数为阳，偶数为阴。绘出其数轴图形：

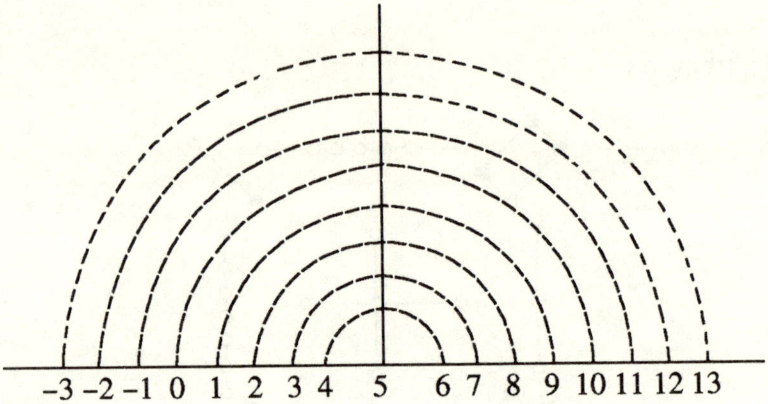

由图看出，把“5”作为中间数，在“5”的左右两边出现如下的规律：

1. $4+5+6=15$
2. $3+5+7=15$
3. $2+5+8=15$
4. $1+5+9=15$

再扩展之：

5. $0+5+10=15$
6. $-1+5+11=15$
7. $-2+5+12=15$
8. $-3+5+13=15$

⋮

以至无限

明显看出，每一次三值相加都含“5”，“5”是共同的。为了简化，把“5”这个共同数提出去。这样，上述规律的形象更简明了：

1. $4 + 6 = 10$
2. $3 + 7 = 10$
3. $2 + 8 = 10$
4. $1 + 9 = 10$
5. $0 + 10 = 10$
6. $-1 + 11 = 10$
7. $-2 + 12 = 10$
8. $-3 + 13 = 10$

⋮

由于采用十进制，只讨论 1、2、……9 这九个数，将

$$4 + 6 = 10$$
$$3 + 7 = 10$$
$$2 + 8 = 10$$
$$1 + 9 = 10$$

绘成几何图形：

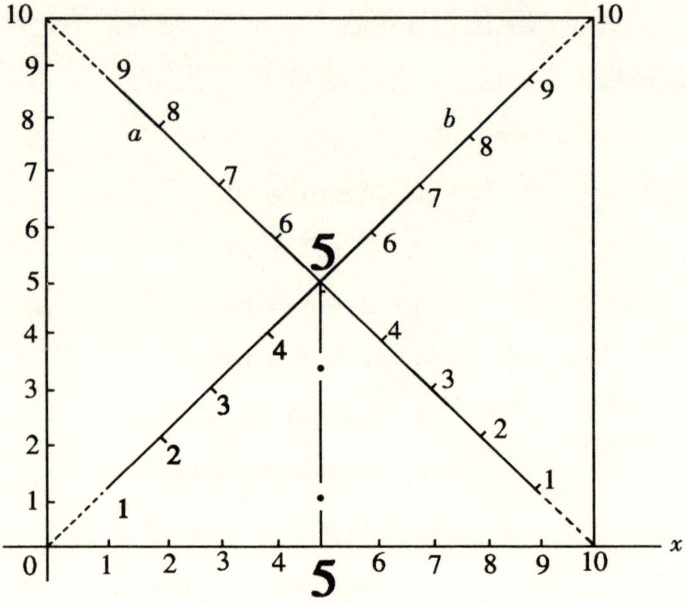

从几何图形可得：

$$a = 10 - x$$
$$b = x$$

为了与前述义理部分一致而又不影响原义，把所有的数字约小一位，即把 1、2……9 改写为 0.1、0.2……0.3。这样上列二式可以写成：

$$a = 1 - x$$
$$b = x$$
$$a + b = 1$$

联系到前述之义理部分，构成这样的关系，a 与 b 必是阴与阳的双方，或言，a 即阴，b 即阳，二者的关系是既对立又统一。

当阴与阳绝对对立的情况：

$$a = 0 \qquad b = 1$$

或

$$a = 1 \qquad b = 0$$

当阴与阳相对对立的情况，亦即既对立又统一：

$$a + b = 1$$

事物具有阴阳双方，则事物的性能必为：

$$\begin{aligned} c &= a \times b \\ &= (1 - x) \times x \\ &= x - x^2 \end{aligned}$$

不难看出，$c = f(x)$ 呈现抛物线的变化。

当 $\frac{dc}{dx} = 0$ 时，可得出抛物线的顶点一定出现在 x 等于某一数值：

$$\begin{aligned} \frac{dc}{dx} &= 1 - 2x \\ &= 0 \\ x &= 0.5 \end{aligned}$$

亦即 $x = 1/2$ 时，是抛物线的顶点 c_{max}，绘出几何图形：

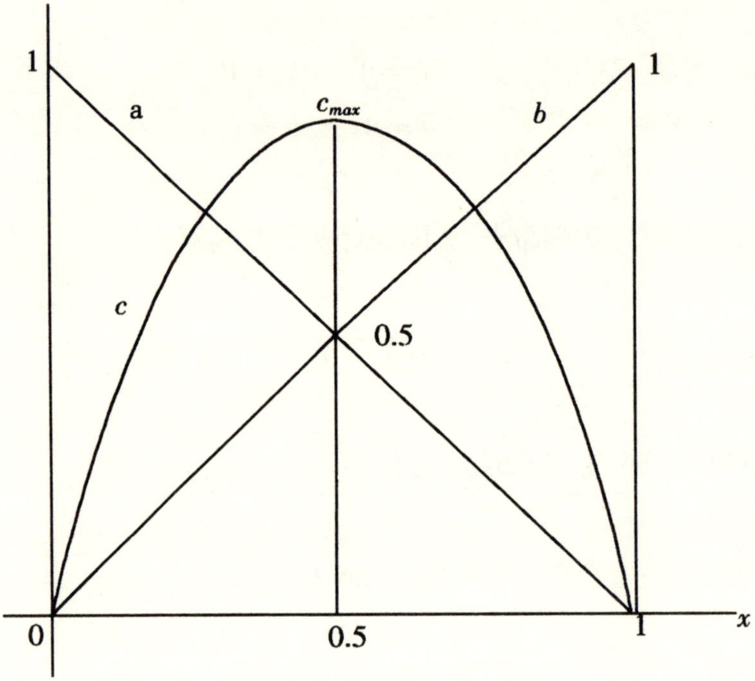

至此，可以得出，洛书是用数字形式来表达事物的阴阳关系和事物的性能。提示人们，阴阳双方是对立的，但又是统一的，对立统一构成事物的整体功能，《易经》术语称为太极（1）。当阴阳双方均达中值“0.5”（河图、洛书均用“5”作中间数）时，事物的性能最佳。中值“0.5”表示中间数、平衡数、和谐数，具有定量的概念。事物的阴阳双方达到平衡、和谐，则佳，是最优状态，否则，即为劣态。中国文化强调以和为贵，寓有哲理。所谓和，乃指阴阳和谐，亦即

$$a = b$$

此为中道，或称中庸之道，这是事物的最佳状态。

反观河图与洛书，本为数字形式，化为数理，河图即成数轴，范围为 0 ~ 10（原河图中未含 0），洛书则是两根数轴所构成的十字交叉，大值朝上，或言，用河图的数轴构成一个正方形，洛书则是此正方形的两条对角线，两条对角线上的数字恰恰表达出阴与阳的对立与统一。

阴阳双方构成事物的成分，阴阳的交合则构成事物的性能，以此联系前述之义理，二者是一致的，是故，河图与洛书，其本义乃是用数字形式表达事物之阴与阳的关系。

附录一

周 易

（说明：本文以唐孔颖达《周易正义》本为底本）

上 经

1. ䷀（乾上乾下）**乾** 元亨，利贞。

初九 潜龙勿用。

九二 见龙在田。利见大人。

九三 君子终日乾乾。夕惕若厉。无咎。

九四 或跃在渊。无咎。

九五 飞龙在天。利见大人。

上九 亢龙有悔。

用九 见群龙无首。吉。

《彖》曰：大哉乾“元”，万物资始，乃统天。云行雨施，品物流形。大明终始，六位时成，时乘六龙以御天。乾道变化，各正性命。保合太和，乃“利贞”。首出庶物，万国咸宁。

《象》曰：天行健。君子以自强不息。“潜龙勿用”，阳在下也。“见龙在田”，德施普也。“终日乾乾”，反复道也。“或跃在渊”，进“无咎”也。“飞龙在天”，“大人”造也。“亢龙有悔”，盈不可久也。“用九”，天德不可为首也。

《文言》曰：“元”者，善之长也。“亨”者，嘉之会也。“利”者，义之和也。“贞”者，事之干也。君子体仁足以长人，嘉会足以合礼，利物足以和义，贞固足以干事。君子行此四德者，故曰：“乾元亨利贞”。

初九曰：“潜龙勿用。”何谓也？子曰：“龙德而隐者也。不易乎世，不成乎名，遁世无闷，不见是而无闷。乐则行之，忧则违之，确乎其不可拔，潜龙也。”

九二曰：“见龙在田。利见大人。”何谓也？子曰：“龙德而正中者也。庸言之信，庸行之谨，闲邪存其诚。善世而不伐，德博而化。《易》曰：‘见龙在田。利见大人。’君德也。”

九三曰：“君子终日乾乾。夕惕若厉。无咎。”何谓也？子曰：“君子进德修业。忠信所以进德也。修辞立其诚，所以居业也。知至至之，可与几也。知终终之，可与存义也。是故居上位而不骄，在下位而不忧。故乾乾因其时而惕，虽危无咎矣。”

九四曰：“或跃在渊。无咎。”何谓也？子曰：“上下无常，非为邪也。进退无恒，非离群也。君子进德修业，欲及时也。故无咎。”

九五曰：“飞龙在天。利见大人。”何谓也？子曰：“同声相应，同气相求。水流湿，火就燥。云从龙，风从虎。圣人作而万物睹。本乎天者亲上，本乎地者亲下。则各从其类也。”

上九曰：“亢龙有悔。”何谓也？子曰：“贵而无位，高而无民，贤人在下位而无辅，是以动而有悔也。”

“潜龙勿用”，下也。“见龙在田”，时舍也。“终日乾乾”，行事也。“或跃在渊”，自试也。“飞龙在天”，上治也。“亢龙有悔”，穷之灾也。乾元“用九”，天下治也。

"潜龙勿用"，阳气潜藏。"见龙在田"，天下文明。"终日乾乾"，与时偕行。"或跃在渊"，乾道乃革。"飞龙在天"，乃位乎天德。"亢龙有悔"，与时偕极。乾元"用九"，乃见天则。

乾"元"者，始而亨者也。"利贞"者，性情也。乾始能以美利利天下，不言所利，大矣哉。大哉乾乎！刚健中正，纯粹精也。六爻发挥，旁通情也。时乘六龙，以御天也。云行雨施，天下平也。君子以成德为行，日可见之行也。"潜"之为言也，隐而未见，行而未成，是以君子"弗用"也。君子学以聚之，问以辨之，宽以居之，仁以行之。《易》曰："见龙在田。利见大人。"君德也。

九三，重刚而不中，上不在天，下不在田，故"乾乾"因其时而"惕"，虽危"无咎"矣。

九四，重刚而不中，上不在天，下不在田，中不在人，故"或"之。或之者，疑之也。故"无咎"。

夫"大人"者，与天地合其德，与日月合其明，与四时合其序，与鬼神合其吉凶。先天而天弗违，后天而奉天时，天且弗违，而况于人乎？况于鬼神乎？"亢"之为言也，知进而不知退，知存而不知亡，知得而不知丧。其惟圣人乎？知进退存亡而不失其正者，其惟圣人乎。

2. ䷁（坤上坤下）坤　元亨。利牝马之贞。君子有攸往。先迷后得。主利。西南得朋。东北丧朋。安贞吉。

《彖》曰：至哉坤"元"，万物资生，乃顺承天。坤厚载物，德合无疆。含弘光大，品物咸"亨"。牝马地类，行地无疆，柔顺"利贞"。君子攸行，先迷失道，后顺得常。"西南得朋"，乃与类行。"东北丧朋"，乃终有庆。"安贞"之"吉"，应地无疆。

《象》曰：地势坤。君子以厚德载物。

初六　履霜坚冰至。

《象》曰:“履霜坚冰”,阴始凝也。驯致其道,至坚冰也。

六二 直方大。不习无不利。

《象》曰:“六二”之动,“直”以“方”也。“不习无不利”,地道光也。

六三 含章可贞。或从王事。无成有终。

《象》曰:“含章可贞”,以时发也。“或从王事”,知光大也。

六四 括囊。无咎无誉。

《象》曰:“括囊无咎”,慎不害也。

六五 黄裳。元吉。

《象》曰:“黄裳元吉”,文在中也。

上六 龙战于野。其血玄黄。

《象》曰:“龙战于野”,其道穷也。

用六 利永贞。

《象》曰:“用六永贞”,以大终也。

《文言》曰:坤至柔而动也刚,至静而德方,后得主而有常,含万物而化光。坤道其顺乎,承天而时行。

积善之家必有余庆,积不善之家必有余殃。臣弑其君,子弑其父。非一朝一夕之故,其所由来者渐矣,由辩之不早辩也。《易》曰:“履霜,坚冰至。”盖言顺也。

“直”其正也,“方”其义也。君子敬以直内,义以方外。敬义立而德不孤。“直方大。不习无不利”,则不疑其所行也。阴虽有美,“含”之以从王事,弗敢成也。地道也,妻道也,臣道也。地道“无成”,而代“有终”也。

天地变化,草木蕃。天地闭,贤人隐。《易》曰:“括囊无咎无誉。”盖言谨也。君子黄中通理,正位居体,美在其中。而畅于四支,发于事业,美之至也。阴疑于阳必“战”,为其嫌于无阳也,故称“龙”焉。犹未离其类也,故称“血”焉。夫“玄黄”者,天地之杂也。天玄而地黄。

3. ䷂（震下坎上）屯　元亨，利贞。勿用有攸往。利建侯。

《彖》曰：屯，刚柔始交而难生。动乎险中，大“亨贞”。雷雨之动满盈，天造草昧。宜建侯而不宁。

《象》曰：云雷屯。君子以经纶。

初九　磐桓。利居贞。利建侯。

《象》曰：虽“磐桓”，志行正也。以贵下贱，大得民也。

六二　屯如邅如。乘马班如。匪寇婚媾。女子贞不字。十年乃字。

《象》曰：“六二”之难，乘刚也。“十年乃字”，反常也。

六三　即鹿无虞。惟入于林中。君子几不如舍。往吝。

《象》曰：“即鹿无虞”，以从禽也。“君子舍”之，“往吝”穷也。

六四　乘马班如。求婚媾。往吉。无不利。

《象》曰：“求”而“往”，明也。

九五　屯其膏。小贞吉。大贞凶。

《象》曰：“屯其膏”，施未光也。

上六　乘马班如。泣血涟如。

《象》曰：“泣血涟如”，何可长也。

4. ䷃（坎下艮上）蒙　亨。匪我求童蒙。童蒙求我。初筮吉。再三渎。渎则不告。利贞。

《彖》曰：蒙。山下有险，险而止，蒙。蒙“亨”，以亨行，时中也。“匪我求童蒙。童蒙求我”，志应也。“初筮吉”，以刚中也。“再三渎。渎则不告”，渎蒙也。蒙以养正，圣功也。

《象》曰：山下出泉，蒙。君子以果行育德。

初六　发蒙。利用刑人。用说桎梏。以往吝。

《象》曰：“利用刑人”，以正法也。

九二　包蒙吉。纳妇吉。子克家。

《象》曰："子克家"，刚柔接也。

六三　勿用取女。见金夫。不有躬。无攸利。

《象》曰："勿用取女"，行不顺也。

六四　困蒙。吝。

《象》曰："困蒙"之"吝"，独远实也。

六五　童蒙。吉。

《象》曰："童蒙"之"吉"，顺以巽也。

上九　击蒙。不利为寇。利御寇。

《象》曰："利"用"御寇"，上下顺也。

5. ䷄（乾下坎上）需　有孚。光亨贞吉。利涉大川。

《彖》曰：需，须也，险在前也。刚健而不陷，其义不困穷矣。"需有孚"，"光亨贞吉"，位乎天位，以正中也。"利涉大川"，往有功也。

《象》曰：云上于天，需。君子以饮食宴乐。

初九　需于郊。利用恒。无咎。

《象》曰："需于郊"，不犯难行也。"利用恒无咎"，未失常也。

九二　需于沙。小有言。终吉。

《象》曰："需于沙"，衍在中也。虽"小有言"，以"终吉"也。

九三　需于泥。致寇至。

《象》曰："需于泥"，灾在外也。自我"致寇"，敬慎不败也。

六四　需于血。出自穴。

《象》曰："需于血"，顺以听也。

九五　需于酒食。贞吉。

《象》曰："酒食贞吉"，以中正也。

上六　入于穴。有不速之客三人来。敬之终吉。

《象》曰："不速之客来。敬之终吉"，虽不当位，未大失也。

6.䷅（坎下乾上）讼　有孚。窒惕。中吉。终凶。利见大人。不利涉大川。

《彖》曰：讼。上刚下险，险而健，讼。“讼有孚”，“窒惕中吉”，则来而得中也。“终凶”，讼不可成也。“利见大人”，尚中正也。“不利涉大川”，入于渊也。

《象》曰：天与水违行，讼。君子以作事谋始。

初六　不永所事。小有言。终吉。

《象》曰：“不永所事”，讼不可长也。虽“小有言”，其辩明也。

九二　不克讼。归而逋。其邑人三百户。无眚。

《象》曰：“不克讼”，归逋窜也。自下讼上，患至掇也。

六三　食旧德贞。厉终吉。或从王事。无成。

《象》曰：“食旧德”，从上“吉”也。

九四　不克讼。复即命。渝安贞。吉。

《象》曰：“复即命”，“渝安贞”，不失也。

九五　讼。元吉。

《象》曰：“讼元吉”，以中正也。

上九　或锡之鞶带。终朝三褫之。

《象》曰：以讼受服，亦不足敬也。

7.䷆（坎下坤上）师　贞。丈人吉。无咎。

《彖》曰：“师”，众也。“贞”，正也。能以众正，可以王矣。刚中而应，行险而顺，以此毒天下而民从之，“吉”又何“咎”矣。

《象》曰：地中有水，师。君子以容民畜众。

初六　师出以律。否臧凶。

《象》曰：“师出以律”，失律“凶”也。

九二　在师中吉。无咎。王三锡命。

《象》曰：“在师中吉”，承天宠也。“王三锡命”，怀万邦也。

六三　师或舆尸。凶。

《象》曰：“师或舆尸”，大无功也。

六四　师左次。无咎。

《象》曰：“左次无咎”，未失常也。

六五　田有禽。利执言。无咎。长子帅师。弟子舆尸。贞凶。

《象》曰：“长子帅师”，以中行也。“弟子舆尸”，使不当也。

上六　大君有命。开国承家。小人勿用。

《象》曰：“大君有命”，以正功也。“小人勿用”，必乱邦也。

8. ䷇（坤下坎上）**比　吉。原筮。元永贞。无咎。不宁方来。后夫凶。**

《彖》曰：比，“吉”也。比，辅也，下顺从也。“原筮元永贞无咎”，以刚中也。“不宁方来”，上下应也。“后夫凶”，其道穷也。

《象》曰：地上有水，比。先王以建万国，亲诸侯。

初六　有孚比之。无咎。有孚盈缶。终来有它吉。

《象》曰：比之“初六”，有它吉也。

六二　比之自内。贞吉。

《象》曰：“比之自内”，不自失也。

六三　比之匪人。

《象》曰：“比之匪人”，不亦伤乎。

六四　外比之。贞吉。

《象》曰：“外比”于贤，以从上也。

九五　显比。王用三驱。失前禽。邑人不诫。吉。

《象》曰：“显比”之“吉”，位正中也。舍逆取顺，“失前禽”也。“邑人不诫”，上使中也。

上六　比之无首。凶。

《象》曰："比之无首"，无所终也。

9. ䷈（乾下巽上）小畜　亨。密云不雨。自我西郊。

《彖》曰：小畜。柔得位而上下应之，曰小畜。健而巽，刚中而志行，乃"亨"。"密云不雨"，尚往也。"自我西郊"，施未行也。

《象》曰：风行天上，小畜。君子以懿文德。

初九　复自道。何其咎。吉。

《象》曰："复自道"，其义"吉"也。

九二　牵复。吉。

《象》曰："牵复"在中，亦不自失也。

九三　舆说辐。夫妻反目。

《象》曰："夫妻反目"，不能正室也。

六四　有孚。血去惕出。无咎。

《象》曰："有孚惕出"，上合志也。

九五　有孚挛如。富以其邻。

《象》曰："有孚挛如"，不独富也。

上九　既雨既处。尚德载。妇贞厉。月几望。君子征凶。

《象》曰："既雨既处"，"德"积"载"也。"君子征凶"，有所疑也。

10. ䷉（兑下乾上）履虎尾。不咥人。亨。

《彖》曰：履，柔履刚也。说而应乎乾，是以"履虎尾，不咥人"。"亨"，刚中正，履帝位而不疚，光明也。

《象》曰：上天下泽，履。君子以辨上下，定民志。

初九　素履。往无咎。

《象》曰："素履"之"往"，独行愿也。

九二 履道坦坦。幽人贞吉。

《象》曰：“幽人贞吉”，中不自乱也。

六三 眇能视。跛能履。履虎尾。咥人凶。武人为于大君。

《象》曰：“眇能视”，不足以有明也。“跛能履”，不足以与行也。“咥人”之“凶”，位不当也。“武人为于大君”，志刚也。

九四 履虎尾。愬愬终吉。

《象》曰：“想想终吉”，志行也。

九五 夬履。贞厉。

《象》曰：“夬履贞厉”，位正当也。

上九 视履考祥。其旋元吉。

《象》曰：“元吉”在上，大有庆也。

11.䷊（乾下坤上）泰 小往大来。吉。亨。

《彖》曰：“泰。小往大来吉亨”，则是天地交而万物通也；上下交而其志同也。内阳而外阴，内健而外顺，内君子而外小人。君子道长，小人道消也。

《象》曰：天地交，泰。后以裁成天地之道，辅相天地之宜，以左右民。

初九 拔茅茹。以其汇。征吉。

《象》曰：“拔茅征吉”，志在外也。

九二 包荒。用冯河。不遐遗。朋亡。得尚于中行。

《象》曰：“包荒得尚于中行”，以光大也。

九三 无平不陂。无往不复。艰贞无咎。勿恤其孚。于食有福。

《象》曰：“无往不复”，天地际也。

六四 翩翩。不富以其邻。不戒以孚。

《象》曰：“翩翩不富”，皆失实也。“不戒以孚”，中心愿也。

六五 帝乙归妹。以祉元吉。

《象》曰："以祉元吉"，中以行愿也。

上六　城复于隍。勿用师。自邑告命。贞吝。

《象》曰："城复于隍"，其命乱也。

12. ䷋（坤下乾上）否之匪人。不利君子贞。大往小来。

《彖》曰："否之匪人。不利君子贞。大往小来"，则是天地不交而万物不通也，上下不交而天下无邦也。内阴而外阳，内柔而外刚，内小人而外君子。小人道长，君子道消也。

《象》曰：天地不交，否。君子以俭德辟难，不可荣以禄。

初六　拔茅茹。以其汇。贞吉。亨。

《象》曰："拔茅贞吉"，志在君也。

六二　包承。小人吉。大人否亨。

《象》曰："大人否亨"，不乱群也。

六三　包羞。

《象》曰："包羞"，位不当也。

九四　有命无咎。畴离祉。

《象》曰："有命无咎"，志行也。

九五　休否。大人吉。其亡其亡。系于苞桑。

《象》曰："大人"之"吉"，位正当也。

上九　倾否。先否后喜。

《象》曰："否"终则"倾"，何可长也。

13. ䷌（离下乾上）同人于野。亨。利涉大川。利君子贞。

《彖》曰：同人。柔得位得中而应乎乾，曰同人。同人曰"同人于野。亨。利涉大川"，乾行也。文明以健，中正而应，"君子"正也。惟君子为能通天下之志。

《象》曰：天与火，同人。君子以类族辨物。

初九 同人于门。无咎。

《象》曰：出门“同人”，又谁“咎”也。

六二 同人于宗。吝。

《象》曰：“同人于宗”，“吝”道也。

九三 伏戎于莽。升其高陵。三岁不兴。

《象》曰：“伏戎于莽”，敌刚也。“三岁不兴”，安行也。

九四 乘其墉。弗克攻。吉。

《象》曰：“乘其墉”，义“弗克”也。其“吉”，则困而反则也。

九五 同人先号咷而后笑。大师克相遇。

《象》曰：“同人”之“先”，以中直也。“大师相遇”，言相“克”也。

上九 同人于郊。无悔。

《象》曰：“同人于郊”，志未得也。

14. ䷍（乾下离上）**大有** 元亨。

《彖》曰：大有。柔得尊位大中，而上下应之，曰大有。其德刚健而文明，应乎天而时行，是以“元亨”。

《象》曰：火在天上，大有。君子以遏恶扬善，顺天休命。

初九 无交害。匪咎。艰则无咎。

《象》曰：大有“初九”，无交害也。

九二 大车以载。有攸往。无咎。

《象》曰：“大车以载”，积中不败也。

九三 公用亨于天子。小人弗克。

《象》曰：“公用亨于天子”，“小人”害也。

九四 匪其彭。无咎。

《象》曰：“匪其彭。无咎”，明辨皙也。

六五　厥孚交如。威如。吉。

《象》曰："厥孚交如"，信以发志也。"威如"之"吉"，易而无备也。

上九　自天祐之。吉无不利。

《象》曰："大有"上"吉"，"自天祐"也。

15. ䷎（艮下坤上）谦　亨。君子有终。

《彖》曰：谦，"亨"。天道下济而光明，地道卑而上行，天道亏盈而益谦，地道变盈而流谦，鬼神害盈而福谦，人道恶盈而好谦。谦尊而光，卑而不可逾，君子之终也。

《象》曰：地中有山，谦。君子以裒多益寡，称物平施。

初六　谦谦君子。用涉大川。吉。

《象》曰："谦谦君子"，卑以自牧也。

六二　鸣谦。贞吉。

《象》曰："鸣谦贞吉"，中心得也。

九三　劳谦。君子有终。吉。

《象》曰："劳谦君子"，万民服也。

六四　无不利。撝谦。

《象》曰："无不利撝谦"，不违则也。

六五　不富以其邻。利用侵伐。无不利。

《象》曰："利用侵伐"，征不服也。

上六　鸣谦。利用行师。征邑国。

《象》曰："鸣谦"，志未得也。可"用行师"，"征邑国"也。

16. ䷏（坤下震上）豫　利建侯行师。

《彖》曰：豫。刚应而志行，顺以动，豫。豫顺以动，故天地如之，而况"建侯行师"乎？天地以顺动，故日月不过，而四时不忒。圣人以顺动，则刑罚清而民服。豫之时义大矣哉！

《象》曰：雷出地奋，豫。先王以作乐崇德，殷荐之上帝，以配祖考。

初六 鸣豫。凶。

《象》曰："初六鸣豫"，志穷"凶"也。

六二 介于石。不终日。贞吉。

《象》曰："不终日贞吉"，以中正也。

六三 盱豫悔。迟有悔。

《象》曰："盱豫有悔"，位不当也。

九四 由豫。大有得。勿疑。朋盍簪。

《象》曰："由豫大有得"，志大行也。

六五 贞疾。恒不死。

《象》曰："六五"，"贞疾"，乘刚也。"恒不死"，中未亡也。

上六 冥豫。成有渝。无咎。

《象》曰："冥豫"在"上"，何可长也。

17. ䷐（震下兑上）随 元亨。利贞无咎。

《彖》曰：随。刚来而下柔，动而说，随。大"亨贞无咎"，而天下随时，随时之义大矣哉。

《象》曰：泽中有雷，随。君子以向晦入宴息。

初九 官有渝。贞吉。出门交有功。

《象》曰："官有渝"，从正"吉"也。"出门交有功"，不失也。

六二 系小子。失丈夫。

《象》曰："系小子"，弗兼与也。

六三 系丈夫。失小子。随有求得。利居贞。

《象》曰："系丈夫"，志舍下也。

九四 随有获。贞凶。有孚在道。以明。何咎。

《象》曰：“随有获”，其义“凶”也。“有孚在道”，“明”功也。

九五　孚于嘉。吉。

《象》曰：“孚于嘉吉”，位正中也。

上六　拘系之。乃从维之。王用亨于西山。

《象》曰：“拘系之”，“上”穷也。

18.䷑（巽下艮上）蛊　元亨。利涉大川。先甲三日。后甲三日。

《彖》曰：蛊。刚上而柔下。巽而止，蛊。蛊“元亨”而天下治也。“利涉大川”，往有事也。“先甲三日，后甲三日”，终则有始，天行也。

《象》曰：山下有风，蛊。君子以振民育德。

初六　干父之蛊。有子。考无咎。厉终吉。

《象》曰：“干父之蛊”，意承“考”也。

九二　干母之蛊。不可贞。

《象》曰：“干母之蛊”，得中道也。

九三　干父之蛊。小有悔。无大咎。

《象》曰：“干父之蛊”，终“无咎”也。

六四　裕父之蛊。往见吝。

《象》曰：“裕父之蛊”，往未得也。

六五　干父之蛊。用誉。

《象》曰：“干父用誉”，承以德也。

上九　不事王侯。高尚其事。

《象》曰：“不事王侯”，志可则也。

19.䷒（兑下坤上）临　元亨利贞。至于八月有凶。

《彖》曰：临，刚浸而长，说而顺，刚中而应。大“亨”以正，天之道也。“至于八月有凶”，消不久也。

《象》曰：泽上有地，临。君子以教思无穷，容保民无疆。

初九　咸临。贞吉。

《象》曰："咸临贞吉"，志行正也。

九二　咸临。吉。无不利。

《象》曰："咸临吉。无不利"，未顺命也。

六三　甘临。无攸利。既忧之。无咎。

《象》曰："甘临"，位不当也。"既忧之"，"咎"不长也。

六四　至临。无咎。

《象》曰："至临无咎"，位当也。

六五　知临。大君之宜。吉。

《象》曰："大君之宜"，行中之谓也。

上六　敦临。吉。无咎。

《象》曰："敦临"之"吉"，志在内也。

20. ䷓（坤下巽上）观　盥盥而不荐。有孚颙若。

《彖》曰：大观在上，顺而巽，中正以观天下。"观，盥而不荐。有孚颙若"，下观而化也。观天之神道，而四时不忒。圣人以神道设教，而天下服矣。

《象》曰：风行地上，观。先王以省方观民设教。

初六　童观。小人无咎。君子吝。

《象》曰："初六童观"，"小人"道也。

六二　窥观。利女贞。

《象》曰："窥观女贞"，亦可丑也。

六三　观我生进退。

《象》曰："观我生进退"，未失道也。

六四　观国之光。利用宾于王。

《象》曰："观国之光"，尚"宾"也。

九五　观我生。君子无咎。

《象》曰："观我生"，观民也。

上九　观其生。君子无咎。

《象》曰："观其生"，志未平也。

21. ䷔（震下离上）噬嗑　亨。利用狱。

《彖》曰：颐中有物，曰噬嗑。噬嗑而"亨"，刚柔分，动而明，雷电合而章。柔得中而上行，虽不当位，"利用狱"也。

《象》曰：雷电，噬嗑。先王以明罚敕法。

初九　屦校灭趾。无咎。

《象》曰："屦校灭趾"，不行也。

六二　噬肤灭鼻。无咎。

《象》曰："噬肤灭鼻"，乘刚也。

六三　噬腊肉遇毒。小吝。无咎。

《象》曰："遇毒"，位不当也。

九四　噬干胏。得金矢。利艰贞。吉。

《象》曰："利艰贞吉"，未光也。

六五　噬干肉。得黄金。贞厉。无咎。

《象》曰："贞厉无咎"，得当也。

上九　何校灭耳。凶。

《象》曰："何校灭耳"，聪不明也。

22. ䷕（离下艮上）贲　亨。小利有攸往。

《彖》曰：贲"亨"。柔来而文刚，故"亨"。分刚上而文柔，故"小利有攸往"，天文也。文明以止，人文也。观乎天文，以察时变。观乎人文，以化成天下。

《象》曰：山下有火，贲。君子以明庶政，无敢折狱。

初九　贲其趾。舍车而徒。

《象》曰："舍车而徒"，义弗乘也。

六二　贲其须。

《象》曰："贲其须"，与上兴也。

九三　贲如濡如。永贞吉。

《象》曰："永贞"之"吉"，终莫之陵也。

六四　贲如皤如。白马翰如。匪寇婚媾。

《象》曰："六四"，当位疑也。"匪寇婚媾"，终无尤也。

六五　贲于丘园。束帛戋戋。吝。终吉。

《象》曰："六五"之"吉"，有喜也。

上九　白贲。无咎。

《象》曰："白贲无咎"，上得志也。

23.䷖（坤下艮上）**剥**　不利有攸往。

《彖》曰：剥，剥也，柔变刚也。"不利有攸往"，小人长也。顺而止之，观象也。君子尚消息盈虚，天行也。

《象》曰：山附于地，剥。上以厚下安宅。

初六　剥床以足。蔑贞凶。

《象》曰："剥床以足"，以灭下也。

六二　剥床以辨。蔑贞凶。

《象》曰："剥床以辨"，未有与也。

六三　剥之。无咎。

《象》曰："剥之无咎"，失上下也。

六四　剥床以肤。凶。

《象》曰："剥床以肤"，切近灾也。

六五　贯鱼。以宫人宠。无不利。

《象》曰："以宫人宠"，终无尤也。

上九　硕果不食。君子得舆。小人剥庐。

《象》曰："君子得舆"，民所载也。"小人剥庐"，终不可用也。

24. ䷗（震下坤上）**复　亨。出入无疾。朋来无咎。反复其道。七日来复。利有攸往。**

《彖》曰：复，"亨"，刚反，动而以顺行。是以"出入无疾。朋来无咎"。"反复其道。七日来复"，天行也。"利有攸往"，刚长也。复其见天地之心乎。

《象》曰：雷在地中，复。先王以至日闭关，商旅不行，后不省方。

初九　不远复。无祇悔。元吉。

《象》曰："不远"之"复"，以修身也。

六二　休复。吉。

《象》曰："休复"之"吉"，以下仁也。

六三　频复。厉无咎。

《象》曰："频复"之"厉"，义"无咎"也。

六四　中行独复。

《象》曰："中行独复"，以从道也。

六五　敦复。无悔。

《象》曰："敦复无悔"，中以自考也。

上六　迷复。凶。有灾眚。用行师。终有大败。以其国君凶。至于十年不克征。

《象》曰："迷复"之"凶"，反君道也。

25. ䷘（震下乾上）**无妄** 元亨，利贞。其匪正有眚。不利有攸往。

《彖》曰：无妄，刚自外来，而为主于内，动而健，刚中而应。大“亨”以正，天之命也。“其匪正有眚。不利有攸往”，无妄之往，何之矣？天命不佑，行矣哉。

《象》曰：天下雷行物与，无妄。先王以茂对时育万物。

初九 无妄。往吉。

《象》曰：“无妄”之“往”，得志也。

六二 不耕获。不菑畲。则利有攸往。

《象》曰：“不耕获”，未富也。

六三 无妄之灾。或系之牛。行人之得。邑人之灾。

《象》曰：“行人得”牛，“邑人灾”也。

九四 可贞。无咎。

《象》曰：“可贞无咎”，固有之也。

九五 无妄之疾。勿药有喜。

《象》曰：“无妄”之“药”，不可试也。

上九 无妄。行有眚。无攸利。

《象》曰：“无妄”之“行”，穷之灾也。

26. ䷙（乾下艮上）**大畜** 利贞。不家食。吉。利涉大川。

《彖》曰：大畜，刚健笃实辉光，日新其德。刚上而尚贤，能止健，大正也。“不家食吉”，养贤也。“利涉大川”，应乎天也。

《象》曰：天在山中，大畜。君子以多识前言往行，以畜其德。

初九 有厉。利已。

《象》曰：“有厉利已”，不犯灾也。

九二 舆说輹。

《象》曰：“舆说輹”，中无尤也。

九三　良马逐。利艰贞。曰闲舆卫。利有攸往。

《象》曰:“利有攸往”，上合志也。

六四　童牛之牿。元吉。

《象》曰:“六四元吉”，有喜也。

六五　豶豕之牙。吉。

《象》曰:“六五”之“吉”，有庆也。

上九　何天之衢。亨。

《象》曰:“何天之衢”，道大行也。

27. ䷚（震下艮上）颐　贞吉。观颐。自求口实。

《彖》曰：颐。“贞吉”，养正则吉也。“观颐”，观其所养也。“自求口实”，观其自养也。天地养万物，圣人养贤以及万民，颐之时大矣哉。

《象》曰：山下有雷，颐。君子以慎言语，节饮食。

初九　舍尔灵龟。观我朵颐。凶。

《象》曰:“观我朵颐”，亦不足贵也。

六二　颠颐。拂经。于丘颐。征凶。

《象》曰:“六二”“征凶”，行失类也。

六三　拂颐。贞凶。十年勿用。无攸利。

《象》曰:“十年勿用”，道大悖也。

六四　颠颐。吉。虎视眈眈。其欲逐逐。无咎。

《象》曰:“颠颐”之“吉”，上施光也。

六五　拂经。居贞吉。不可涉大川。

《象》曰:“居贞”之“吉”，顺以从上也。

上九　由颐。厉吉。利涉大川。

《象》曰:“由颐厉吉”，大有庆也。

28. ䷛（巽下兑上）大过　**栋桡。利有攸往。亨。**

《彖》曰：大过，大者过也。“栋桡”，本末弱也。刚过而中，巽而说行。“利有攸往”，乃“亨”。大过之时大矣哉。

《象》曰：泽灭木，大过。君子以独立不惧，遁世无闷。

初六　藉用白茅。无咎。

《象》曰：“藉用白茅”，柔在下也。

九二　枯杨生稊。老夫得其女妻。无不利。

《象》曰：“老夫女妻”，过以相与也。

九三　栋桡。凶。

《象》曰：“栋桡”之“凶”，不可以有辅也。

九四　栋隆。吉。有它吝。

《象》曰：“栋隆”之“吉”，不桡乎下也。

九五　枯杨生华。老妇得其士夫。无咎无誉。

《象》曰：“枯杨生华”，何可久也。“老妇士夫”，亦可丑也。

上六　过涉灭顶。凶。无咎。

《象》曰：“过涉”之“凶”，不可“咎”也。

29. ䷜（坎下坎上）习坎　**有孚。维心亨。行有尚。**

《彖》曰：习坎，重险也。水流而不盈，行险而不失其信。“维心亨”，乃以刚中也。“行有尚”，往有功也，天险，不可升也，地险，山川丘陵也。王公设险以守其国，险之时用大矣哉。

《象》曰：水洊至，习坎。君子以常德行，习教事。

初六　习坎。入于坎窞。凶。

《象》曰：“习坎入坎”，失道“凶”也。

九二　坎有险。求小得。

《象》曰：“求小得”，未出中也。

六三　来之坎坎。险且枕。入于坎窞。勿用。

《象》曰："来之坎坎"，终无功也。

六四　樽酒簋。贰用缶。纳约自牖。终无咎。

《象》曰："樽酒簋贰"，刚柔际也。

九五　坎不盈。祇既平。无咎。

《象》曰："坎不盈"，中未大也。

上六　系用徽纆。真于丛棘。三岁不得。凶。

《象》曰："上六"失道，"凶""三岁"也。

30. ䷝（离下离上）**离**　利贞。亨。畜牝牛。吉。

《象》曰：离，丽也。日月丽乎天，百谷草木丽乎土，重明以丽乎正，乃化成天下。柔丽乎中正，故"亨"。是以"畜牝牛吉"也。

《象》曰：明两作，离。大人以继明照于四方。

初九　履错然。敬之无咎。

《象》曰："履错"之"敬"，以辟咎也。

六二　黄离。元吉。

《象》曰："黄离元吉"，得中道也。

九三　日昃之离。不鼓缶而歌。则大耋之嗟。凶。

《象》曰："日昃之离"，何可久也。

九四　突如其来如。焚如。死如。弃如。

《象》曰："突如其来如"，无所容也。

六五　出涕沱若。戚嗟若。吉。

《象》曰："六五"之"吉"，离王公也。

上九　王用出征。有嘉折首。获匪其丑。无咎。

《象》曰："王用出征"，以正邦也。

下　经

31. ䷞（艮下兑上）咸　亨。利贞。取女吉。

《彖》曰：咸，感也。柔上而刚下，二气感应以相与，止而说，男下女，是以“亨利贞取女吉”也。天地感而万物化生，圣人感人心而天下和平。观其所感，而天地万物之情可见矣。

《象》曰：山上有泽，咸。君子以虚受人。

初六　咸其拇。

《象》曰：“咸其拇”，志在外也。

六二　咸其腓。凶。居吉。

《象》曰：虽“凶居吉”，顺不害也。

九三　咸其股。执其随。往吝。

《象》曰：“咸其股”，亦不处也。志在“随”人，所执下也。

九四　贞吉悔亡。憧憧往来。朋从尔思。

《象》曰：“贞吉悔亡”，未感害也。“憧憧往来”，未光大也。

九五　咸其脢。无悔。

《象》曰：“咸其脢”，志末也。

上六　咸其辅颊舌。

《象》：“咸其辅颊舌”，滕口说也。

32. ䷟（巽下震上）恒　亨。无咎。利贞。利有攸往。

《彖》曰：恒，久也。刚上而柔下，雷风相与，巽而动，刚柔皆应，恒。“恒亨无咎。利贞”，久于其道也。天地之道，恒久而不已也。“利有攸往”，终则有始也。日月得天而能久照，四时变化而能久成。圣人久于其道，而天下化成。观其所恒，而天地万物之情可见矣。

《象》曰：雷风，恒。君子以立不易方。

初六　浚恒。贞凶。无攸利。

《象》曰："浚恒"之"凶"，始求深也。

九二　悔亡。

《象》曰："九二悔亡"，能久中也。

九三　不恒其德。或承之羞。贞吝。

《象》曰："不恒其德"，无所容也。

九四　田无禽。

《象》曰：久非其位，安得"禽"也。

六五　恒其德贞。妇人吉。夫子凶。

《象》曰："妇人贞吉"，从一而终也。"夫子"制义，从妇"凶"也。

上六　振恒。凶。

《象》曰："振恒"在上，大无功也。

33. ䷠（艮下乾上）**遁**　亨。小利贞。

《彖》曰：遁"亨"，遁而亨也。刚当位而应，与时行也。"小利贞"，浸而长也。遁之时义大矣哉。

《象》曰：天下有山，遁。君子以远小人，不恶而严。

初六　遁尾厉。勿用有攸往。

《象》曰："遁尾"之"厉"，不往何灾也。

六二　执之用黄牛之革。莫之胜说。

《象》曰："执用黄牛"，固志也。

九三　系遁。有疾厉。畜臣妾。吉。

《象》曰："系遁"之"厉"，"有疾"惫也。"畜臣妾吉"，不可大事也。

九四　好遁。君子吉。小人否。

《象》曰：君子“好遁”，“小人否”也。

九五　嘉遁。贞吉。

《象》曰：“嘉遁贞吉”，以正志也。

上九　肥遁。无不利。

《象》曰：“肥遁无不利”，无所疑也。

34. ䷡（乾下震上）**大壮**　利贞。

《彖》曰：大壮，大者壮也。刚以动，故壮。大壮“利贞”，大者正也。正大而天地之情可见矣。

《象》曰：雷在天上，大壮。君子以非礼弗履。

初九　壮于趾。征凶。有孚。

《象》曰：“壮于趾”，其“孚”穷也。

九二　贞吉。

《象》曰：“九二贞吉”，以中也。

九三　小人用壮。君子用罔。贞厉。羝羊触藩。羸其角。

《象》曰：“小人用壮”，“君子”罔也。

九四　贞吉悔亡。藩决不羸。壮于大舆之輹。

《象》曰：“藩决不羸”，尚往也。

六五　丧羊于易。无悔。

《象》曰：“丧羊于易”，位不当也。

上六　羝羊触藩。不能退。不能遂。无攸利。艰则吉。

《象》曰：“不能退。不能遂”，不详也。“艰则吉”，咎不长也。

35. ䷢（坤下离上）**晋**　康侯用锡马蕃庶。昼日三接。

《彖》曰：晋，进也。明出地上。顺而丽乎大明，柔进而上行，是以

“康侯用锡马蕃庶。昼日三接”也。

《象》曰：明出地上，晋。君子以自昭明德。

初六　晋如。摧如。贞吉。罔孚。裕无咎。

《象》曰：“晋如摧如”，独行正也。“裕无咎”，未受命也。

六二　晋如。愁如。贞吉。受兹介福。于其王母。

《象》曰：“受兹介福”，以中正也。

六三　众允。悔亡。

《象》曰：“众允”之志，上行也。

九四　晋如鼫鼠。贞厉。

《象》曰：“鼫鼠贞厉”，位不当也。

六五　悔亡。失得勿恤。往吉。无不利。

《象》曰：“失得勿恤”，往有庆也。

上九　晋其角。维用伐邑。厉吉无咎。贞吝。

《象》曰：“维用伐邑”，道未光也。

36. ䷣（离下坤上）**明夷**　利艰贞。

《彖》曰：明入地中，明夷。内文明而外柔顺，以蒙大难，文王以之。“利艰贞”，晦其明也。内难而能正其志，箕子以之。

《象》曰：明入地中，明夷。君子以莅众，用晦而明。

初九　明夷于飞。垂其翼。君子于行。三日不食。有攸往。主人有言。

《象》曰：“君子于行”，义“不食”也。

六二　明夷。夷于左股。用拯马。壮吉。

《象》曰：“六二”之“吉”，顺以则也。

九三　明夷于南狩。得其大首。不可疾贞。

《象》曰：“南狩”之志，乃大得也。

六四　入于左腹。获明夷之心。于出门庭。

《象》曰："入于左腹"，获心意也。

六五　箕子之明夷。利贞。

《象》曰："箕子"之"贞"，"明"不可息也。

上六　不明晦。初登于天。后入于地。

《象》曰："初登于天"，照四国也。"后入于地"，失则也。

37.䷤（离下巽上）家人　利女贞。

《彖》曰：家人。女正位乎内，男正位乎外。男女正，天地之大义也。家人有严君焉，父母之谓也。父父，子子，兄兄，弟弟，夫夫，妇妇，而家道正。正家而天下定矣。

《象》曰：风自火出，家人。君子以言有物，而行有恒。

初九　闲有家。悔亡。

《象》曰："闲有家"，志未变也。

六二　无攸遂。在中馈。贞吉。

《象》曰："六二"之"吉"，顺以巽也。

九三　家人嗃嗃。悔厉吉。妇子嘻嘻。终吝。

《象》曰："家人嗃嗃"，未失也。"妇子嘻嘻"，失家节也。

六四　富家大吉。

《象》曰："富家大吉"，顺在位也。

九五　王假有家。勿恤吉。

《象》曰："王假有家"，交相爱也。

上九　有孚威如。终吉。

《象》曰："威如"之"吉"，反身之谓也。

38.䷥（兑下离上）睽　小事吉。

《彖》曰：睽。火动而上，泽动而下。二女同居，其志不同行。说而丽乎明，柔进而上行，得中而应乎刚，是以“小事吉”。天地睽而其事同也，男女睽而其志通也，万物睽而其事类也。睽之时用大矣哉。

《象》曰：上火下泽，睽。君子以同而异。

初九　悔亡。丧马勿逐自复。见恶人。无咎。

《象》曰：“见恶人”，以辟“咎”也。

九二　遇主于巷。无咎。

《象》曰：“遇主于巷”，未失道也。

六三　见舆曳。其牛掣。其人天且劓。无初有终。

《象》曰：“见舆曳”，位不当也。“无初有终”，遇刚也。

九四　睽孤。遇元夫。交孚。厉无咎。

《象》曰：“交孚无咎”，志行也。

六五　悔亡。厥宗噬肤。往何咎。

《象》曰：“厥宗噬肤”，“往”有庆也。

上九　睽孤。见豕负涂。载鬼一车。先张之弧。后说之弧。匪寇婚媾。往遇雨则吉。

《象》曰：“遇雨”之“吉”，群疑亡也。

39. ䷦（艮下坎上）蹇　利西南。不利东北。利见大人。贞吉。

《彖》曰：蹇，难也，险在前也。见险而能止，知矣哉。蹇“利西南”，往得中也。“不利东北”，其道穷也。“利见大人”，往有功也。当位“贞吉”，以正邦也。蹇之时用大矣哉。

《象》曰：山上有水，蹇。君子以反身修德。

初六　往蹇来誉。

《象》曰：“往蹇来誉”，宜待也。

六二　王臣蹇蹇。匪躬之故。

《象》曰：“王臣蹇蹇”，终无尤也。

九三 往蹇来反。

《象》曰："往蹇来反"，内喜之也。

六四 往蹇来连。

《象》曰："往蹇来连"，当位实也。

九五 大蹇朋来。

《象》曰："大蹇朋来"，以中节也。

上六 往蹇来硕。吉。利见大人。

《象》曰："往蹇来硕"，志在内也。"利见大人"，以从贵也。

40. ䷧（坎下震上）解 利西南。无所往。其来复。吉。有攸往。夙吉。

《彖》曰：解。险以动，动而免乎险，解。解"利西南"，往得众也。"其来复吉"，乃得中也。"有攸往夙吉"，往有功也。天地解而雷雨作，雷雨作而百果草木皆甲坼。解之时大矣哉。

《象》曰：雷雨作，解。君子以赦过宥罪。

初六 无咎。

《象》曰：刚柔之际，义"无咎"也。

九二 田获三狐。得黄矢。贞吉。

《象》曰："九二""贞吉"，得中道也。

六三 负且乘。致寇至。贞吝。

《象》曰："负且乘"，亦可丑也。自我"致"戎，又谁咎也。

九四 解而拇。朋至斯孚。

《象》曰："解而拇"，未当位也。

六五 君子维有解。吉。有孚于小人。

《象》曰："君了有解"，"小人"退也。

上六 公用射隼于高墉之上。获之。无不利。

《象》曰："公用射隼"，以解悖也。

41.䷨（兑下艮上）损　有孚。元吉。无咎。可贞。利有攸往。曷之用。二簋可用享。

《彖》曰：损，损下益上，其道上行。损而“有孚。元吉。无咎可贞。利用攸往。曷之用。二簋可用享”，二簋应有时。损刚益柔有时，损益盈虚，与时偕行。

《象》曰：山下有泽，损。君子以惩忿窒欲。

初九　已事遄往。无咎。酌损之。

《象》曰：“已事遄往”，尚合志也。

九二　利贞。征凶。弗损益之。

《象》曰：“九二”“利贞”，中以为志也。

六三　三人行。则损一人。一人行。则得其友。

《象》曰：“一人行”，“三”则疑也。

六四　损其疾。使遄有喜。无咎。

《象》曰：“损其疾”，亦可“喜”也。

六五　或益之。十朋之龟。弗克违。元吉。

《象》曰：“六五”“元吉”，自上祐也。

上九　弗损益之。无咎贞吉。利有攸行。得臣无家。

《象》曰：“弗损益之”，大得志也。

42.䷩（震下巽上）益　利有攸往。利涉大川。

《彖》曰：益，损上益下，民说无疆。自上下下，其道大光。“利有攸往”，中正有庆。“利涉大川”，木道乃行。益动而巽，日进无疆。天施地生，其益无方。凡益之道，与时偕行。

《象》曰：风雷，益。君子以见善则迁，有过则改。

初九　利用为大作。元吉。无咎。

《象》曰：“元吉无咎”，下不厚事也。

六二　或益之。十朋之龟。弗克违。永贞吉。王用享于帝。吉。

《象》曰：“或益之”，自外来也。

六三　益之用凶事。无咎。有孚中行。告公用圭。

《象》曰：“益用凶事”，固有之也。

六四　中行。告公从。利用为依迁国。

《象》曰：“告公从”，以益志也。

九五　有孚惠心。勿问。元吉。有孚惠我德。

《象》曰：“有孚惠心”，“勿问”之矣。“惠我德”，大得志也。

上九　莫益之。或击之。立心勿恒。凶。

《象》曰：“莫益之”，偏辞也。“或击之”，自外来也。

43. ䷪（乾下兑上）**夬**　扬于王庭。孚号有厉。告自邑。不利即戎。利有攸往。

《彖》曰：夬，决也，刚决柔也。健而说，决而和。“扬于王庭”，柔乘五刚也。“孚号有厉”，其危乃光也。“告自邑。不利即戎”，所尚乃穷也。“利有攸往”，刚长乃终也。

《象）曰：泽上于天，夬。君子以施禄及下，居德则忌。

初九　壮于前趾。往不胜。为咎。

《象》曰：“不胜而往”，“咎”也。

九二　惕号。莫夜有戎。勿恤。

《象》曰：“有戎勿恤”，得中道也。

九三　壮于頄。有凶。君子夬夬。独行遇雨。若濡有愠。无咎。

《象》曰：“君子夬夬”，终“无咎”也。

九四　臀无肤。其行次且。牵羊悔亡。闻言不信。

《象》曰：“其行次且”，位不当也。“闻言不信”，聪不明也。

九五　苋陆夬夬。中行无咎。

《象》曰："中行无咎"，中未光也。

上六　无号。终有凶。

《象》曰："无号"之"凶"，终不可长也。

44.䷫（巽下乾上）姤　女壮。勿用取女。

《彖》曰：姤，遇也，柔遇刚也。"勿用取女"，不可与长也。天地相遇，品物咸章也。刚遇中正，天下大行也。姤之时义大矣哉。

《象》曰：天下有风，姤。后以施命诰四方。

初六　系于金柅。贞吉。有攸往。见凶。羸豕孚蹢躅。

《象》曰："系于金柅"，柔道牵也。

九二　包有鱼。无咎。不利宾。

《象》曰："包有鱼"，义不及"宾"也。

九三　臀无肤。其行次且。厉。无大咎。

《象》曰："其行次且"，行未牵也。

九四　包无鱼。起凶。

《象》曰："无鱼"之"凶"，远民也。

九五　以杞包瓜。含章。有陨自天。

《象》曰："九五""含章"，中正也。"有陨自天"，志不舍命也。

上九　姤其角。吝。无咎。

《象》曰："姤其角"，上穷"吝"也。

45.䷬（坤下兑上）萃　亨。王假有庙。利见大人。亨。利贞。用大牲吉。利有攸往。

《彖》曰：萃，聚也。顺以说，刚中而应，故聚也。"王假有庙"，致孝享也。"利见大人亨"，聚以正也。"用大牲吉。利有攸往"，顺天命也。观其所聚，而天地万物之情可见矣。

《象》曰：泽上于地，萃。君子以除戎器，戒不虞。

初六　有孚不终。乃乱乃萃。若号。一握为笑。勿恤。往无咎。

《象》曰："乃乱乃萃"，其志乱也。

六二　引吉。无咎。孚乃利用禴。

《象》曰："引吉无咎"，中未变也。

六三　萃如。嗟如。无攸利。往无咎。小吝。

《象》曰："往无咎"，上巽也。

九四　大吉。无咎。

《象》曰："大吉无咎"，位不当也。

九五　萃有位。无咎。匪孚。元永贞。悔亡。

《象》曰："萃有位"，志未光也。

上六　赍咨涕洟。无咎。

《象》曰："赍咨涕洟"，未安上也。

46. ䷭（巽下坤上）升　元亨。用见大人。勿恤。南征吉。

《彖》曰：柔以时升。巽而顺，刚中而应，是以大"亨"。"用见大人。勿恤"，有庆也。"南征吉"，志行也。

《象》曰：地中生木，升。君子以顺德，积小以高大。

初六　允升。大吉。

《象》曰："允升大吉"，上合志也。

九二　孚乃利用禴。无咎。

《象》曰："九二"之"孚"，有喜也。

九三　升虚邑。

《象》曰："升虚邑"，无所疑也。

六四　王用亨于岐山。吉。无咎。

《象》曰："王用亨于岐山"，顺事也。

六五　贞吉。升阶。

《象》曰："贞吉升阶"，大得志也。

上六　冥升。利于不息之贞。

《象》曰："冥升"在上，消不富也。

47. ䷮（坎下兑上）困　亨。贞。大人吉。无咎。有言不信。

《彖》曰：困，刚掩也。险以说，困而不失其所，"亨"，其惟君子乎。"贞大人吉"，以刚中也。"有言不信"，尚口乃穷也。

《象》曰：泽无水，困。君子以致命遂志。

初六　臀困于株木。入于幽谷。三岁不觌。

《象》曰："入于幽谷"，幽不明也。

九二　困于酒食。朱绂方来。利用享祀。征凶无咎。

《象》曰："困于酒食"，中有庆也。

六三　困于石。据于蒺藜。入于其宫。不见其妻。凶。

《象》曰："据于蒺藜"，乘刚也。"入于其宫。不见其妻"，不祥也。

九四　来徐徐。困于金车。吝。有终。

《象》曰："来徐徐"，志在下也。虽不当位，有与也。

九五　劓刖。困于赤绂。乃徐有说。利用祭祀。

《象》曰："劓刖"，志未得也。"乃徐有说"，以中直也。"利用祭祀"，受福也。

上六　困于葛藟。于臲卼。曰动悔有悔。征吉。

《象》曰："困于葛藟"，未当也。"动悔有悔"，"吉"行也。

48. ䷯（巽下坎上）井　改邑不改井。无丧无得。往来井井。汔至亦未繘井。羸其瓶。凶。

《彖》曰：巽乎水而上水，井。井养而不穷也。“改邑不改井”，乃以刚中也。“汔至亦未繘井”，未有功也。“羸其瓶”，是以凶也。

《象》曰：木上有水，井。君子以劳民劝相。

初六 井泥不食。旧井无禽。

《象》曰：“井泥不食”，下也。“旧井无禽”，时舍也。

九二 井谷射鲋。瓮敝漏。

《象》曰：“井谷射鲋”，无与也。

九三 井渫不食。为我心恻。可用汲。王明。并受其福。

《象》曰：“井渫不食”，行“恻”也。求“王明”，“受福”也。

六四 井甃无咎。

《象》曰：“井甃无咎”，修井也。

九五 井洌寒泉食。

《象》曰：“寒泉”之“食”，中正也。

上六 井收勿幕。有孚元吉。

《象》曰：“元吉”在“上”，大成也。

49. ䷰（离下兑上）革 巳日乃孚。元亨。利贞。悔亡。

《彖》曰：革。水火相息，二女同居，其志不相得，曰革。“巳日乃孚”，革而信之。文明以说，大“亨”以正。革而当，其悔乃亡。天地革而四时成。汤武革命，顺乎天而应乎人。革之时大矣哉。

《象》曰：泽中有火，革。君子以治历明时。

初九 鞏用黄牛之革。

《象》曰：“鞏用黄牛”，不可以有为也。

六二 巳日乃革之。征吉，无咎。

《象》曰：“巳日革之”，行有嘉也。

九三 征凶，贞厉。革言三就。有孚。

《象》曰:“革言三就”,又何之矣。

九四　悔亡。有孚改命,吉。

《象》曰:“改命”之“吉”,信志也。

九五　大人虎变。未占有孚。

《象》曰:“大人虎变”,其文炳也。

上六　君子豹变。小人革面。征凶。居贞吉。

《象》曰:“君子豹变”,其文蔚也。“小人革面”,顺以从君也。

50. ䷱(巽下离上)鼎　元吉。亨。

《彖》曰:鼎,象也。以木巽火,亨饪也。圣人亨以享上帝,而大亨以养圣贤。巽而耳目聪明,柔进而上行,得中而应乎刚,是以“元亨”。

《象》曰:木上有火,鼎。君子以正位凝命。

初六　鼎颠趾。利出否。得妾以其子。无咎。

《象》曰:“鼎颠趾”,未悖也。“利出否”,以从贵也。

九二　鼎有实。我仇有疾。不我能即。吉。

《象》曰:“鼎有实”,慎所之也。“我仇有疾”,终无尤也。

九三　鼎耳革。其行塞。雉膏不食。方雨亏悔。终吉。

《象》曰:“鼎耳革”,失其义也。

九四　鼎折足。覆公餗。其形渥。凶。

《象》曰:“覆公餗”,信如何也。

六五　鼎黄耳金铉。利贞。

《象》曰:“鼎黄耳”,中以为实也。

上九　鼎玉铉。大吉。无不利。

《象》曰:“玉铉”在“上”,刚柔节也。

51. ䷲(震下震上)震　亨。震来虩虩。笑言哑哑。震惊百里。不丧匕鬯。

《彖》曰：震，“亨”，“震来虩虩”，恐致福也。“笑言哑哑”，后有则也。“震惊百里”，惊远而惧迩也。出可以守宗庙社稷，以为祭主也。

《象》曰：洊雷，震。君子以恐惧修省。

初九 震来虩虩。后笑言哑哑。吉。

《象》曰：“震来虩虩”，恐致福也。“笑言哑哑”，“后”有则也。

六二 震来厉。亿丧贝。跻于九陵。勿逐。七日得。

《象》曰：“震来厉”，乘刚也。

六三 震苏苏。震行无眚。

《象》曰：“震苏苏”，位不当也。

九四 震遂泥。

《象》曰：“震遂泥”，未光也。

六五 震往来厉。亿无丧有事。

《象》曰：“震往来厉”，危行也。其事在中，大“无丧”也。

上六 震索索。视矍矍。征凶。震不于其躬于其邻。无咎。婚媾有言。

《象》曰：“震索索”，中未得也。虽“凶”“无咎”，畏邻戒也。

52. ䷳（艮下艮上）**艮其背。不获其身。行其庭。不见其人。无咎。**

《彖》曰：艮，止也。时止则止，时行则行。动静不失其时，其道光明。艮其止，止其所也。上下敌应，不相与也。是以“不获其身。行其庭不见其人。无咎”也。

《象》曰：兼山，艮。君子以思不出其位。

初六 艮其趾。无咎。利永贞。

《象》曰：“艮其趾”，未失正也。

六二 艮其腓。不拯其随。其心不快。

《象》曰：“不拯其随”，未退听也。

九三 艮其限。列其夤。厉薰心。

《象》曰:"艮其限",危"薰心"也。

六四　艮其身。无咎。

《象》曰:"艮其身",止诸躬也。

六五　艮其辅。言有序。悔亡。

《象》曰:"艮其辅",以中正也。

上九　敦艮。吉。

《象》曰:"敦艮"之"吉",以厚终也。

53. ䷴(艮下巽上)渐　女归。吉。利贞。

《彖》曰:渐之进也,"女归吉"也。进得位,往有功也。进以正,可以正邦也。其位刚得中也。止而巽,动不穷也。

《象》曰:山上有木,渐。君子以居贤德善俗。

初六　鸿渐于干。小子厉。有言。无咎。

《象》曰:"小子"之"厉",义"无咎"也。

六二　鸿渐于磐。饮食衎衎。吉。

《象》曰:"饮食衎衎",不素饱也。

九三　鸿渐于陆。夫征不复。妇孕不育。凶。利御寇。

《象》曰:"夫征不复",离群丑也。"妇孕不育",失其道也。"利用御寇",顺相保也。

六四　鸿渐于木。或得其桷。无咎。

《象》曰:"或得其桷",顺以巽也。

九五　鸿渐于陵。妇三岁不孕。终莫之胜。吉。

《象》曰:"终莫之胜吉",得所愿也。

上九　鸿渐于陆。其羽可用为仪。吉。

《象》曰:"其羽可用为仪吉",不可乱也。

54. ䷵（兑下震上）**归妹** 征凶。无攸利。

《彖》曰：归妹，天地之大义也。天地不交，而万物不兴。归妹，人之终始也。说以动，所归妹也。“征凶”，位不当也。“无攸利”，柔乘刚也。

《象》曰：泽上有雷，归妹。君子以永终知敝。

初九 归妹以娣。跛能履。征吉。

《象》曰：“归妹以娣”，以恒也。“跛能履吉”，相承也。

九二 眇能视。利幽人之贞。

《象》曰：“利幽人之贞”，未变常也。

六三 归妹以须。反归以娣。

《象》曰：“归妹以须”，未当也。

九四 归妹愆期。迟归有时。

《象》曰：“愆期”之志，有待而行也。

六五 帝乙归妹。其君之袂。不如其娣之袂良。月几望。吉。

《象》曰：“帝乙归妹”，“不如其娣之袂良”也。其位在中，以贵行也。

上六 女承筐无实。士刲羊无血。无攸利。

《象》曰：“上六”“无实”，“承”虚“筐”也。

55. ䷶（离下震上）**丰** 亨。王假之。勿忧。宜日中。

《彖》曰：丰，大也。明以动，故丰。“王假之”，尚大也。“勿忧宜日中”，宜照天下也。日中则昃，月盈则食。天地盈虚，与时消息。而况于人乎，况于鬼神乎。

《象》曰：雷电皆至，丰。君子以折狱致刑。

初九 遇其配主。虽旬无咎。往有尚。

《象》曰：“虽旬无咎”，过旬灾也。

六二 丰其蔀。日中见斗。往得疑疾。有孚发若。吉。

《象》曰：“有孚发若”，信以发志也。

九三　丰其沛。日中见沫。折其右肱。无咎。

《象》曰:“丰其沛”，不可大事也。“折其右肱”，终不可用也。

九四　丰其蔀。日中见斗。遇其夷主。吉。

《象》曰:“丰其蔀”，位不当也。“日中见斗”，幽不明也。“遇其夷主”，“吉”行也。

六五　来章。有庆誉。吉。

《象》曰:“六五”之“吉”，“有庆”也。

上六　丰其屋。蔀其家。窥其户。阒其无人。三岁不觌。凶。

《象》曰:“丰其屋”，天际翔也。“窥其户。阒其无人”，自藏也。

56. ䷷（艮下离上）旅　小亨。旅贞吉。

《彖》曰：旅。“小亨”。柔得中乎外而顺乎刚，止而丽乎明，是以“小亨旅贞吉”也。旅之时义大矣哉。

《象》曰：山上有火，旅。君子以明慎用刑而不留狱。

初六　旅琐琐。斯其所取灾。

《象》曰:“旅琐琐”，志穷“灾”也。

六二　旅即次。怀其资。得童仆贞。

《象》曰:“得童仆贞”，终无尤也。

九三　旅焚其次。丧其童仆。贞厉。

《象》曰:“旅焚其次”，亦以伤矣。以旅与下，其义“丧”也。

九四　旅于处。得其资斧。我心不快。

《象》曰:“旅于处”，未得位也。“得其资斧”，“心”未“快”也。

六五　射雉。一矢亡。终以誉命。

《象》曰:“终以誉命”，上逮也。

上九　鸟焚其巢。旅人先笑后号咷。丧牛于易。凶。

《象》曰：以“旅”在“上”，其义“焚”也。“丧牛于易”，终莫之闻也。

57. ䷸（巽下巽上）**巽 小亨。利有攸往。利见大人。**

《彖》曰：重巽以申命。刚巽乎中正而志行。柔皆顺乎刚，是以“小亨。利有攸往。利见大人”。

《象》曰：随风，巽。君子以申命行事。

初六 进退。利武人之贞。

《象》曰：“进退”，志疑也。“利武人之贞”，志治也。

九二 巽在床下。用史巫纷若。吉。无咎。

《象》曰：“纷若”之“吉”，得中也。

九三 频巽。吝。

《象》曰：“频巽”之“吝”，志穷也。

六四 悔亡。田获三品。

《象》曰：“田获三品”，有功也。

九五 贞吉悔亡。无不利。无初有终。先庚三日。后庚三日。吉。

《象》曰：“九五”之“吉”，位正中也。

上九 巽在床下。丧其资斧。贞凶。

《象》曰：“巽在床下”，“上”穷也。“丧其资斧”，正乎“凶”也。

58. ䷹（兑下兑上）**兑 亨。利贞。**

《彖》曰：兑，说也。刚中而柔外，说以“利贞”，是以顺乎天而应乎人。说以先民，民忘其劳。说以犯难，民忘其死。说之大，民劝矣哉。

《象》曰：丽泽，兑。君子以朋友讲习。

初九 和兑吉。

《象》曰：“和兑”之“吉”，行未疑也。

九二 孚兑。吉。悔亡。

《象》曰:“孚兑”之“吉”,信志也。

六三　来兑。凶。

《象》曰:“来兑”之“凶”,位不当也。

九四　商兑未宁。介疾有喜。

《象》曰:“九四”之“喜”,有庆也。

九五　孚于剥。有厉。

《象》曰:“孚于剥”,位正当也。

上六　引兑。

《象》曰:“上六”“引兑”,未光也。

59.䷺(坎下巽上)涣　亨。王假有庙。利涉大川。利贞。

《彖》曰:涣,“亨”,刚来而不穷,柔得位乎外而上同。“王假有庙”,王乃在中也。“利涉大川”,乘木有功也。

《象》曰:风行水上,涣。先王以享于帝立庙。

初六　用拯马壮。吉。

《象》曰:“初六”之“吉”,顺也。

九二　涣奔其机。悔亡。

《象》曰:“涣奔其机”,得愿也。

六三　涣其躬。无悔。

《象》曰:“涣其躬”,志在外也。

六四　涣其群元吉。涣有丘。匪夷所思。

《象》曰:“涣其群。元吉”,光大也。

九五　涣汗其大号。涣王居。无咎。

《象》曰:“王居无咎”,正位也。

上九　涣其血去。逖出。无咎。

《象》曰:“涣其血”,远害也。

60. ䷻（兑下坎上）节　亨。苦节不可贞。

《彖》曰：节，“亨”，刚柔分而刚得中。“苦节不可贞”，其道穷也。说以行险，当位以节，中正以通。天地节而四时成。节以制度，不伤财，不害民。

《象》曰：泽上有水，节。君子以制数度，议德行。

初九　不出户庭。无咎。

《象》曰：“不出户庭”，知通塞也。

九二　不出门庭。凶。

《象》曰：“不出门庭凶”，失时极也。

六三　不节若。则嗟若。无咎。

《象》曰：“不节”之“嗟”，又谁“咎”也。

六四　安节。亨。

《象》曰：“安节”之“亨”，承上道也。

九五　甘节。吉。往有尚。

《象》曰：“甘节”之“吉”，居位中也。

上六　苦节贞凶。悔亡。

《象》曰：“苦节。贞凶”，其道穷也。

61. ䷼（兑下巽上）中孚　豚鱼吉。利涉大川。利贞。

《彖》曰：中孚，柔在内而刚得中，说而巽孚，乃化邦也。“豚鱼吉”，信及豚鱼也。“利涉大川”，乘木舟虚也。中孚以“利贞”，乃应乎天也。

《象》曰：泽上有风，中孚。君子以议狱缓死。

初九　虞吉。有它不燕。

《象》曰：“初九”“虞吉”，志未变也。

九二　鸣鹤在阴。其子和之。我有好爵。吾与尔靡之。

《象》曰："其子和之"，中心愿也。

六三　得敌。或鼓。或罢。或泣。或歌。

《象》曰："或鼓或罢"，位不当也。

六四　月几望。马匹亡。无咎。

《象》曰："马匹亡"，绝类上也。

九五　有孚挛如。无咎。

《象》曰："有孚挛如"，位正当也。

上九　翰音登于天。贞凶。

《象》曰："翰音登于天"，何可长也。

62. ䷽（艮下震上）**小过**　**亨。利贞。可小事不可大事。飞鸟遗之音。不宜上宜下。大吉。**

《彖》曰：小过，小者过而亨也。过以"利贞"，与时行也。柔得中是以"小事""吉"也。刚失位而不中，是以"不可大事"也。有"飞鸟"之象焉，"飞鸟遗之音。不宜上宜下。大吉"，上逆而下顺也。

《象》曰：山上有雷，小过。君子以行过乎恭，丧过乎哀，用过乎俭。

初六　飞鸟以凶。

《象》曰："飞鸟以凶"，不可如何也。

六二　过其祖。遇其妣。不及其君。遇其臣。无咎。

《象》曰："不及其君"，臣不可过也。

九三　弗过防之。从或戕之。凶。

《象》曰："从或戕之"，"凶"如何也。

九四　无咎。弗过遇之。往厉必戒。勿用永贞。

《象》曰："弗过遇之"，位不当也。"往厉必戒"，终不可长也。

六五　密云不雨。自我西郊。公弋取彼在穴。

《象》曰："密云不雨"，已上也。

上六 弗遇过之。飞鸟离之。凶。是谓灾眚。

《象》曰:“弗遇过之”,已亢也。

63. ䷾(离下坎上)**既济** 亨小。利贞。初吉。终乱。

《彖》曰:既济,“亨”,“小”者亨也。“利贞”,刚柔正而位当也。“初吉”,柔得中也。“终”止则“乱”,其道穷也。

《象》曰:水在火上,既济。君子以思患而豫防之。

初九 曳其轮。濡其尾。无咎。

《象》曰:“曳其轮”,义“无咎”也。

六二 妇丧其茀。勿逐。七日得。

《象》曰:“七日得”,以中道也。

九三 高宗伐鬼方。三年克之。小人勿用。

《象》曰:“三年克之”,惫也。

六四 繻有衣袽。终日戒。

《象》曰:“终日戒”,有所疑也。

九五 东邻杀牛。不如西邻之禴祭。实受其福。

《象》曰:“东邻杀牛”,“不如西邻”之时也。“实受其福”,吉大来也。

上六 濡其首。厉。

《象》曰:“濡其首厉”,何可久也。

64. ䷿(坎下离上)**未济** 亨。小狐汔济。濡其尾。无攸利。

《彖》曰:未济,“亨”,柔得中也。“小狐汔济”,未出中也。“濡其尾。无攸利”,不续终也。虽不当位,刚柔应也。

《象》曰:火在水上,未济。君子以慎辨物居方。

初六 濡其尾。吝。

《象》曰:“濡其尾”,亦不知极也。

九二　曳其轮。贞吉。

《象》曰:“九二”“贞吉”，中以行正也。

六三　未济。征凶。利涉大川。

《象》曰:“未济征凶”，位不当也。

九四　贞吉。悔亡。震用伐鬼方。三年有赏于大国。

《象》曰:“贞吉悔亡”，志行也。

六五　贞吉无悔。君子之光。有孚吉。

《象》曰:“君子之光”，其晖“吉”也。

上九　有孚于饮酒。无咎。濡其首。有孚失是。

《象》曰:“饮酒濡首”，亦不知节也。

系辞上

天尊地卑，乾坤定矣。卑高以陈，贵贱位矣。动静有常，刚柔断矣。方以类聚，物以群分，吉凶生矣。在天成象，在地成形，变化见矣。是故刚柔相摩，八卦相荡。鼓之以雷霆，润之以风雨。日月运行，一寒一暑。乾道成男，坤道成女。乾知大始，坤作成物。乾以易知，坤以简能。易则易知，简则易从。易知则有亲，易从则有功。有亲则可久，有功则可大。可久则贤人之德，可大则贤人之业。易简而天下之理得矣。天下之理得，而成位乎其中矣。

圣人设卦观象，系辞焉而明吉凶，刚柔相推而生变化。是故吉凶者，失得之象也。悔吝者，忧虞之象也。变化者，进退之象也。刚柔者，昼夜之象也。六爻之动，三极之道也。是故君子所居而安者，《易》之序也。所乐而玩者，爻之辞也。是故君子居则观其象而玩其辞，动则观其变而玩其占。是以自天祐之，吉无不利。

《彖》者，言乎象者也。爻者，言乎变者也。吉凶者，言乎其失得也。悔吝者，言乎其小疵也。无咎者，善补过也。是故列贵贱者存乎位，齐小大者存乎卦，辩吉凶者存乎辞，忧悔吝者存乎介，震无咎者存乎悔。是故卦有大小，辞有险易。辞也者，各指其所之。《易》与天地准，故能弥纶天地之道。仰以观于天文，俯以察于地理，是故知幽明之故。原始反终，故知死生之说。

精气为物，游魂为变，是故知鬼神之情状。与天地相似，故不违。知周乎万物，而道济天下，故不过。旁行而不流，乐天知命，故不忧。安土敦乎仁，故能爱。范围天地之化而不过，曲成万物而不遗，通乎昼夜之道而知，故神无方而易无体。一阴一阳之谓道。继之者善也，成之者性也。仁者见之谓之仁，知者见之谓之知。百姓日用而不知，故君子之道鲜矣。

显诸仁，藏诸用，鼓万物而不与圣人同忧，盛德大业至矣哉。富有之谓大业，日新之谓盛德，生生之谓易，成象之谓乾，效法之谓坤，极数知来之谓占，通变之谓事，阴阳不测之谓神。夫《易》广矣大矣，以言乎远则不御，以言乎近则静而正，以言乎天地之间则备矣。夫乾，其静也专，其动也直，是以大生焉。夫坤，其静也翕，其动也辟，是以广生焉。广大配天地，变通配四时，阴阳之义配日月，易简之善配至德。子曰："《易》其至矣乎。夫《易》，圣人所以崇德而广业也。知崇礼卑。崇效天，卑法地。天地设位而《易》行乎其中矣。成性存存，道义之门。"

圣人有以见天下之赜，而拟诸其形容，象其物宜，是故谓之象。圣人有以见天下之动，而观其会通，以行其典礼，系辞焉以断其吉凶，是故谓之爻。言天下之至赜而不可恶也，言天下之至动而不可乱也。拟之而后言，议之而后动，拟议以成其变化。“鸣鹤在阴，其子和之。我有好爵，吾与尔靡之”。子曰：“君子居其室，出其言善，则千里之外应之，况其近者乎。居其室，出其言不善，则千里之外违之，况其近者乎。言出乎身，加乎民。行发乎近，见乎远。言行君子之枢机，枢机之发，荣辱之主也。言行，君子之所以动天地也，可不慎乎。”“同人先号咷而后笑”。子曰：“君子之道，或出或处，或默或语。二人同心，其利断金。同心之言，其臭如兰。”

初六：“藉用白茅。无咎。”子曰：“苟错诸地而可矣。藉之用茅，何咎之有？慎之至也。夫茅之为物薄，而用可重也。慎斯术也以往，其无所失矣。”“劳谦。君子有终。吉”。子曰：“劳而不伐，有功而不德，厚之至也。语以其功下人者也。德言盛，礼言恭。谦也者，致恭以存其位者也。”“亢龙有悔”。子曰：“贵而无位，高而无民，贤人在下位而无辅，是以动而有悔也。”“不出户庭无咎”。子曰：“乱之所生也，则言语以为阶。君不密则失臣，臣不密则失身，几事不密则害成。是以君子慎密而不出也。”子曰：“作《易》者其知盗乎。《易》曰：‘负且乘，致寇至。’负也者，小人之事也。乘也者，君子之器也。小人而乘君子之器，盗思夺之矣。上慢下暴，盗思伐之矣。慢藏诲盗，冶容诲淫。《易》曰：‘负且乘致寇至。’盗之招也。”

天一，地二。天三，地四。天五，地六。天七，地八。天九，地十。天数五，地数五。五位相得而各有合。天数二十有五，地数三十。凡天地之数，五十有五，此所以成变化而行鬼神也。大衍之数五十，其用四十有九。分而为二以象两。挂一以象三。揲之以四以象四时。归奇于扐以象闰。五岁再闰，故再扐而后挂。乾之策，二百一十有六。坤之策，百四十有四。凡三百有六十，当期之日。二篇之策，万有一千五百二十，当万物之数也。是故四营而成《易》，十有八变而成卦，八卦而小成。引而伸之，触类而长之，天下之能事毕矣。显道神德行，是故可与酬酢，可与祐神矣。

子曰：“知变化之道者，其知神之所为乎。《易》有圣人之道四焉：以言者尚其辞，以动者尚其变，以制器者尚其象，以卜筮者尚其占。”是以君子将有为也，将有行也，问焉而以言。其受命也如响，无有远近幽深，遂知来物。非天下之至精，其孰能与于此。参伍以变，错综其数，通其变，遂成天地之文。极其数，遂定天下之象。非天下之至变，其孰能与于此。《易》，无思也，无为也，寂然不动，感而遂通天下之故。非天下之至神，其孰能与于此。夫《易》，圣人之所以极深而研几也。唯深也，故能通天下之志。唯几也，故能成天下之务。唯神也，故不疾而速，不行而至。子曰“《易》有圣人之道四焉”者，此之谓也。

子曰：“夫《易》何为者也？夫《易》，开物成务。冒天下之道，如斯而已者也。”是故圣人以通天下之志，以定天下之业，以断天下之疑。是故蓍之德圆而神，卦之德方以知，六爻之义易以贡。圣人以此洗心，退藏于密，吉凶与民同患。神以知来，知以藏往，其孰能与此哉。古之聪明睿知，神武而不杀者夫。是以明于天之道，而察于民之故，是兴神物以前民用。圣人以此斋戒，以神明其德夫。是故阖户谓之坤，辟户谓之乾，一阖一辟谓之变，往来不穷谓之通。见乃谓之象，形乃谓之器，制而用之谓之法。利用出入，民咸用之谓之神。

是故《易》有太极，是生两仪，两仪生四象，四象生八卦。八卦定吉凶，吉凶生大业。是故法象莫大乎天地，变通莫大乎四时，县象著明莫大乎日月，崇高莫大乎富贵。备物致用，立成器以为天下利，莫大乎圣人。探赜索隐，钩深致远，以定天下之吉凶，成天下之亹亹者，莫大乎蓍龟。是故天生神物，圣人则之。天地变化，圣人效之。天垂象，见吉凶，圣人象之。河出图，洛出书，圣人则之。《易》有四象，所以示也。系辞焉，所以告也。定之以吉凶，所以断也。《易》曰：“自天祐之。吉无不利。”子曰：“祐者，助也，天之所助者，顺也，人之所助者，信也。履信思乎顺，又以尚贤也。是以‘自天祐之。吉无不利’也。”

子曰：“书不尽言，言不尽意。”然则圣人之意，其不可见乎？子曰：“圣人立象以尽意，设卦以尽情伪，系辞焉以尽其言，变而通之以尽利，鼓之舞之以尽神。”乾坤其易之缊邪？乾坤成列，而易立乎其中矣。乾坤毁，则无以见易。易不可见，则乾坤或几乎息矣。是故形而上者谓之道，形而下者谓之器。化而裁之谓之变，推而行之谓之通。举而错之天下之民，谓之事业。是故夫象，圣人有以见天下之赜，而拟诸其形容，象其物宜，是故谓之象。圣人有以见天下之动，而观其会通，以行其典礼，系辞焉以断其吉凶，是故谓之爻。极天下之赜者存乎卦，鼓天下之动者存乎辞，化而裁之存乎变，推而行之存乎通，神而明之存乎其人。默而成之，不言而信，存乎德行。

系辞下

八卦成列，象在其中矣。因而重之，爻在其中矣。刚柔相推，变在其中矣。系辞焉而命之，动在其中矣。吉凶悔吝者，生乎动者也。刚柔者，立本者也。变通者，趣时者也。吉凶者，贞胜者也。天地之道，贞观者也。日月之道，贞明者也。天下之动，贞夫一者也。夫乾，确然示人易矣。夫坤，隤然示人简矣。爻也者，效此者也。象也者，像此者也。爻象动乎内，吉凶见乎外，功业见乎变，圣人之情见乎辞。天地之大德曰生，圣人之大宝曰位，何以守位曰仁，何以聚人曰财。理财正辞，禁民为非曰义。

古者包牺氏之王天下也，仰则观象于天，俯则观法于地，观鸟兽之文，与地之宜，近取诸身，远取诸物，于是始作八卦，以通神明之德，以类万物之情。作结绳而为罔罟，以佃以渔，盖取诸离。包牺氏没，神农氏作；斫木为耜，揉木为耒；耒耨之利，以教天下；盖取诸益。日中为市，致天下之民，聚天下之货，交易而退，各得其所，盖取诸噬嗑。神农氏没，黄帝、尧、舜氏作。通其变，使民不倦。神而化之，使民宜之。《易》穷则变，变则通，通则久。是以"天祐之，吉无不利"。黄帝、尧、舜垂衣裳而天下治，盖取诸乾坤。刳木为舟，剡木为楫；舟楫之利，以济不通。致远以利天下，盖取诸涣。服牛乘马，引重致远，以利天下，盖取诸随。重门击柝，以待暴客，盖取诸豫。断木为杵，掘地为臼；臼杵之利，万民以济；盖取诸小过。弦木为弧，剡木为矢；弧矢之利，以威天下；盖取诸睽。上古穴居而野处，后世圣人易之以宫室；上栋下宇，以待风雨；盖取诸大壮。古之葬者，厚衣之以薪，葬之中野，不封不树，丧期无数；后世圣人易之以棺椁；盖取诸大过。上古结绳而治，后世圣人易之以书契；百官以治，万民以察；盖取诸夬。

是故易者象也。象也者像也。彖者材也。爻也者效天下之动者也。是故吉凶生而悔吝著也。阳卦多阴，阴卦多阳，其故何也？阳卦奇，阴卦偶。其德行何也？阳一君而二民，君子之道也。阴二君而一民，小人之道也。《易》曰："憧憧往来。朋从尔思。"子曰："天下何思何虑？天下同归而殊途，一致而百虑。天下何思何虑？日往则月来，月往则日来，日月相推而明生焉。寒往则暑来，暑往则寒来，寒暑相推而岁成焉。往者屈也，来者信也，屈信相感而利生焉。尺蠖之屈，以求信也。龙蛇之蛰，以存身也。精义入神，以致用也。利用安身，以崇德也。过此以往，未之或知也。穷神知化，德之盛也。"

《易》曰:“困于石。据于蒺藜。入于其宫。不见其妻。凶。”子曰:“非所困而困焉,名必辱。非所据而据焉,身必危。既辱且危,死期将至,妻其可得见耶?”《易》曰:“公用射隼于高墉之上。获之。无不利。”子曰:“隼者,禽也。弓矢者,器也。射之者,人也。君子藏器于身,待时而动,何不利之有?动而不括,是以出而有获,语成器而动者也。”子曰:“小人不耻不仁,不畏不义,不见利不劝,不威不惩。小惩而大诫,此小人之福也。”《易》曰:“屦校灭趾无咎。”此之谓也。善不积不足以成名,恶不积不足以灭身。小人以小善为无益而弗为也,以小恶为无伤而弗去也,故恶积而不可掩,罪大而不可解。《易》曰:“何校灭耳。凶。”子曰:“危者,安其位者也,亡者,保其存者也,乱者,有其治者也。是故君子安而不忘危,存而不忘亡,治而不忘乱。是以身安而国家可保也。”《易》曰:“其亡其亡。系于苞桑。”子曰:“德薄而位尊,知小而谋大,力小而任重,鲜不及矣。”《易》曰:“鼎折足。覆公悚。其形渥。凶。”言不胜其任也。子曰:“知几其神乎?君子上交不谄,下交不渎,其知几乎。几者,动之微,吉之先见者也。君子见几而作,不俟终日。”《易》曰:“介于石,不终日。贞吉。”介如石焉,宁用终日,断可识矣。君子知微知彰,知柔知刚,万夫之望。子曰:“颜氏之子,其殆庶几乎?有不善未尝不知,知之未尝复行也。”《易》曰:“不远复。无祇悔。元吉。”天地絪缊,万物化醇。男女构精,万物化生。《易》曰:“三人行。则损一人。一人行。则得其友。”言致一也。子曰:“君子安其身而后动,易其心而后语,定其交而后求。君子修此三者,故全也。危以动,则民不与也。惧以语,则民不应也。无交而求,则民不与也。莫之与,则伤之者至矣。”《易》曰:“莫益之。或击之。立心勿恒。凶。”

子曰:“乾坤其《易》之门邪?”乾,阳物也,坤,阴物也。阴阳合德,而刚柔有体。以体天地之撰,以通神明之德。其称名也,杂而不越。于稽其类，其衰世之意邪？夫《易》，彰往而察来，而微显阐幽，开而当名，辨物正言，断辞则备矣。其称名也小，其取类也大。其旨远，其辞文。其言曲而中，其事肆而隐。因贰以济民行，以明失得之报。

《易》之兴也，其于中古乎？作《易》者，其有忧患乎？是故履，德之基也。谦，德之柄也。复，德之本也。恒，德之固也。损，德之修也。益，德之裕也。困，德之辨也。井，德之地也。巽，德之制也。履，和而至。谦，尊而光。复，小而辨于物。恒，杂而不厌。损，先难而后易。益，长裕而不设。困，穷而通。井，居其所而迁。巽，称而隐。履以和行，谦以制礼，复以自知，恒以一德，损以远害，益以兴利，困以寡怨，井以辨义，巽以行权。

《易》之为书也不可远，为道也屡迁。变动不居，周流六虚。上下无常，刚柔相易。不可为典要，唯变所适。其出入以度，外内使知惧。又明于忧患与故，无有师保，如临父母。初率其辞而揆其方，既有典常。苟非其人，道不虚行。《易》之为书也，原始要终，以为质也。六爻相杂，唯其时物也。其初难知，其上易知，本末也。初辞拟之，卒成之终。若夫杂物撰德，辨是与非，则非其中爻不备。噫！亦要存亡吉凶，则居可知矣。知者观其彖辞，则思过半矣。二与四同功而异位，其善不同。二多誉，四多惧，近也。柔之为道，不利远者。其要无咎，其用柔中也。三与五同功而异位。三多凶，五多功，贵贱之等也。其柔危，其刚胜邪？《易》之为书也，广大悉备。有天道焉，有人道焉，有地道焉。兼三材而两之，故六。六者非它也，三材之道也。道有变动，故曰爻。爻有等，故曰物。物相杂，故曰文。文不当，故吉凶生焉。《易》之兴也，其当殷之末世，周之盛德邪？当文王与纣之事邪？是故其辞危。危者使平，易者使倾。其道甚大，百物不废。惧以终始，其要无咎。此之谓《易》之道也。夫乾，天下之至健也，德行恒易以知险。夫坤，天下之至顺也，德行恒简以知阻。能说诸心，能研诸侯之虑。定天下之吉凶，成天下之亹亹者，是故变化云为，吉事有祥。象事知器，占事知来。天地设位，圣人成能。人谋鬼谋，百姓与能。八卦以象告，爻彖以情言。刚柔杂居，而吉凶可见矣。变动以利言，吉凶以情迁。是故爱恶相攻而吉凶生，远近相取而悔吝生，情伪相感而利害生。凡《易》之情，近而不相得则凶。或害之，悔且吝。将叛者其辞惭，中心疑者其辞枝。吉人之辞寡，躁人之辞多。诬善之人其辞游，失其守者其辞屈。

说　卦

昔者圣人之作《易》也，幽赞于神明而生蓍，参天两地而倚数，观变于阴阳而立卦，发挥于刚柔而生爻，和顺于道德而理于义，穷理尽性以至于命。

昔者圣人之作《易》也，将以顺性命之理。是以立天之道，曰阴与阳。立地之道，曰柔与刚。立人之道，曰仁与义。兼三才而两之，故《易》六画而成卦。分阴分阳，迭用柔刚，故《易》六位而成章。天地定位，山泽通气，雷风相薄，水火不相射，八卦相错。数往者顺，知来者逆，是故《易》逆数也。

雷以动之，风以散之，雨以润之，日以烜之，艮以止之，兑以说之，乾以君之，坤以藏之。帝出乎震，齐乎巽，相见乎离，致役乎坤，说言乎兑，战乎乾，劳乎坎，成言乎艮。万物出乎震，震，东方也。齐乎巽，巽，东南也。齐也者，言万物之絜齐也。离也者，明也。万物皆相见，南方之卦也。

圣人南面而听天下，向明而治，盖取诸此也。坤也者，地也。万物皆致养焉，故曰致役乎坤。兑，正秋也，万物之所说也，故曰说言乎兑。战乎乾，乾，西北之卦也，言阴阳相薄也。坎者，水也，正北方之卦也，劳卦也，万物之所归也，故曰劳乎坎。艮，东北之卦也，万物之所成终而所成始也，故曰成言乎艮。

神也者，妙万物而为言者也。动万物者，莫疾乎雷。桡万物者，莫疾乎风。燥万物者，莫熯乎火。说万物者，莫说乎泽。润万物者，莫润乎水。终万物始万物者，莫盛乎艮。故水火相逮，雷风不相悖。山泽通气，然后能变化。既成万物也。

乾健也。坤顺也。震动也。巽入也。坎陷也。离丽也。艮止也。兑说也。

乾为马。坤为牛。震为龙。巽为鸡。坎为豕。离为雉。艮为狗。兑为羊。

乾为首。坤为腹。震为足。巽为股。坎为耳。离为目。艮为手。兑为口。

乾，天也，故称乎父。坤，地也，故称乎母。震一索而得男，故谓之长男。巽一索而得女，故谓之长女。坎再索而得男，故谓之中男。离再索而得女，故谓之中女。艮三索而得男，故谓之少男。兑三索而得女，故谓之少女。

乾为天，为圜，为君，为父，为玉，为金，为寒，为冰，为大赤，为良马，为老马，为瘠马，为驳马，为木果。

坤为地，为母，为布，为釜，为吝啬，为均，为子母牛，为大舆，为文，为众，为柄。其于地也为黑。

震为雷，为龙，为玄黄，为旉，为大涂，为长子，为决躁，为苍筤竹，为萑苇。其于马也，为善鸣，为馵足，为作足，为的颡。其于稼也，为反生。其究为健，为蕃鲜。

巽为木，为风，为长女，为绳直，为工，为白，为长，为高，为进退，为不果，为臭。其于人也，为寡发，为广颡，为多白眼，为近利市三倍。其究为躁卦。

坎为水，为沟渎，为隐伏，为矫輮，为弓轮。其于人也，为加忧，为心病，为耳痛，为血卦，为赤。其于马也，为美脊，为亟心，为下首，为薄蹄，为曳。其于舆也，为多眚，为通，为月，为盗。其于木也，为坚多心。

离为火，为日，为电，为中女，为甲胄，为戈兵。其于人也，为大腹，为乾卦，为鳖，为蟹，为蠃，为蚌，为龟。其于木也，为科上槁。

艮为山，为径路，为小石，为门阙，为果蓏，为阍寺，为指，为狗，为鼠，为黔喙之属。其于木也，为坚多节。

兑为泽，为少女，为巫，为口舌，为毁折，为附决。其于地也，为刚卤，为妾，为羊。

序 卦

有天地，然后万物生焉。盈天地之间者唯万物，故受之以屯。屯者，盈也。屯者，物之始生也。物生必蒙，故受之以蒙。蒙者，蒙也，物之稚也。物稚不可不养也，故受之以需。需者饮食之道也。饮食必有讼，故受之以讼。讼必有众起，故受之以师。师者，众也。众必有所比，故受之以比。比者，比也。比必有所畜，故受之以小畜。物畜然后有礼，故受之以履。履而泰，然后安，故受之以泰。泰者，通也。物不可以终通，故受之以否，物不可以终否，故受之以同人。与人同者，物必归焉，故受之以大有。有大者不可以盈，故受之以谦。有大而能谦必豫，故受之以豫。豫必有随，故受之以随。以喜随人者必有事，故受之以蛊。蛊者，事也。有事而后可大，故受之以临。临者，大也。物大然后可观，故受之以观。可观而后有所合，故受之以噬嗑。嗑者，合也。物不可以苟合而已，故受之以贲。贲者，饰也。致饰然后亨则尽矣，故受之以剥。剥者，剥也。物不可以终尽，剥穷上反下，故受之以复。复则不妄矣，故受之以无妄。有无妄然后可畜，故受之以大畜。物畜然后可养，故受之以颐。颐者，养也。不养则不可动，故受之以大过。物不可以终过，故受之以坎。坎者，陷也。陷必有所丽，故受之以离。离者，丽也。

有天地，然后有万物。有万物，然后有男女。有男女，然后有夫妇。有夫妇，然后有父子。有父子，然后有君臣。有君臣，然后有上下。有上下，然后礼义有所错。夫妇之道，不可以不久也，故受之以恒。恒者，久也。物不可以久居其所，故受之以遁。遁者，退也。物不可以终遁，故受之以大壮。物不可以终壮，故受之以晋。晋者，进也。进必有所伤，故受之以明夷。夷者，伤也。伤于外者，必反其家，故受之以家人。家道穷必乖，故受之以睽。睽者，乖也。乖必有难，故受之以蹇。蹇者，难也。物不可以终难，故受之以解。解者，缓也。缓必有所失，故受之以损。损而不已必益，故受之以益。益而不已必决，故受之以夬。夬者，决也。决必有遇，故受之以姤。姤者，遇也。物相遇而后聚，故受之以萃。萃者，聚也。聚而上者，谓之升，故受之以升。升而不已必困，故受之以困。困乎上者必反下，故受之以井。井道不可不革，故受之以革。革物者莫若鼎，故受之以鼎。主器者莫若长子，故受之以震。震者，动也。物不可以终动，止之，故受之以艮。艮者，止也。物不可以终止，故受之以渐。渐者，进也。进必有所归，故受之以归妹。得其所归者必大，故受之以丰。丰者，大也。穷大者必失其居，故受之以旅。旅而无所容，故受之以巽。巽者，入也。入而后说之，故受之以兑。兑者，说也。说而后散之，故受之以涣。涣者，离也。物不可以终离，故受之以节。节而信之，故受之以中孚。有其信者必行之，故受之以小过。有过物者必济，故受之以既济。物不可穷也，故受之以未济。终焉。

杂 卦

乾刚坤柔。比乐师忧。临观之义，或与或求。屯见而不失其居。蒙杂而著。震，起也。艮，止也。损益，盛衰之始也。大畜，时也。无妄，灾也。萃，聚而升不来也。谦，轻而豫怠也。噬嗑，食也。贲，无色也。兑，见而巽伏也。随，无故也。蛊则饬也。剥，烂也。复，反也。晋，昼也。明夷，诛也。井通而困相遇也。咸，速也。恒，久也。涣，离也。节，止也。解，缓也。蹇，难也。睽，外也。家人，内也。否泰，反其类也。大壮则止，遁则退也。大有，众也。同人，亲也。革，去故也。鼎，取新也。小过，过也。中孚，信也。丰，多故也。亲寡，旅也。离上而坎下也。小畜，寡也。履，不处也。需，不进也。讼，不亲也。大过，颠也。姤，遇也，柔遇刚也。渐女归待男行也。颐，养正也。既济，定也。归妹，女之终也。未济，男之穷也。夬，决也，刚决柔也。君子道长，小人道忧也。

附录二

周易知识系统①

- 《易经》→《易传》
  - 《彖传》上下
  - 《象传》上下（《大象传》《小象传》）
  - 《文言传》
  - 《系辞传》上下
  - 《说卦传》
  - 《序卦传》
  - 《杂卦传》
- →易学
  - 象数学派
    - 京房《京氏易传》《易纬》
    - 虞翻《易注》
    - 李鼎祚《周易集解》
    - 刘牧《易数钩隐图》
    - 邵雍《皇极经世》
    - 周敦颐《太极图说》
    - 朱震《周易集传》
    - 朱熹《易学启蒙》
    - 张理《易象图说》
    - 来知德《周易集注》
    - 方孔熠《周易时论合编》
    - 胡渭《易图明辨》
    - 惠栋《周易述》
    - 焦循《易学三书》
  - 义理学派
    - 王弼《周易注》
    - 韩康伯《系辞注》
    - 孔颖达《周易正义》
    - 胡瑗《周易口义》
    - 张载《横渠易说》
    - 程颐《伊川易传》
    - 司马光《温公易说》
    - 杨万里《诚斋易传》
    - 杨简《杨氏易传》
    - 朱熹《周易本义》
    - 蔡清《周易蒙引》
    - 王畿《大象义述》
    - 智旭《周易禅解》
    - 王夫之《周易外传》《周易内传》

① 易学知识系统的著述浩如烟海，有史可查的就有数千种之多，此表仅选取有代表性者以为标志。